外資系トップの思考力

経営プロフェッショナルは
いかに最強の解を生み出すのか

ISSコンサルティング［編］

ダイヤモンド社

世界で活躍するトップは、めまぐるしく変化する時代に
問題の本質をどのようにとらえ、
解決策を編みだし、遂行しているのか

正しい問いが設定できれば、
解を得られる半分まで来た
と言っても過言ではない。
（御立尚資　ボストン コンサルティング グループ）

「What is it all about?」
これはいったい何のためなのか、
自分に常に問いかける。
（平野拓也　日本マイクロソフト株式会社）

最も怖いのは、
分かったつもりになることです。
ここに落とし穴がある。
（日色　保　ジョンソン・エンド・ジョンソン株式会社）

本質というのはシンプルで、
あまりブレないんですね。
ある意味、ロジックは関係ない。
（留目真伸　レノボ・グループ）

データは所詮、
過去を示している。重要なのは、
データから変化を洗い出すこと。
（西村　豊　リシュモン ジャパン株式会社）

この数字を達成する、
というコミットメントを宣言して、
なんとしてもやり抜くために考える。
考え抜く。
（高岡浩三　ネスレ日本株式会社）

どんな戦略でも
途中で腑に落ちないことがあれば
中止します。妥協してはいけない。
（上野金太郎　メルセデス・ベンツ日本株式会社）

目標を意識して、
達成するための方法を考える。
この達成意識の強さが、
思考力を大きく左右する。
（麻野信弘　ダイソン株式会社）

命令や腕ずくで、
人の体は動くかもしれないけれど、
心まで動かすことはできない。
（熊谷昭彦　日本ＧＥ株式会社）

反省や後悔の記憶は
しっかり刻み込まれます。
それが、想像し予測する力につながる。
（三村浩一　スリーエム ジャパン株式会社）

編者まえがき

今、私たちは世界が大きく変化する只中を生きています。自分のキャリアや携わっているビジネスのあり方を考えるとき、先行きの不透明感にとまどう方も多いのではないでしょうか。何を頼りに考え、決断を下すべきなのか。

そのヒントを得られないか、と考えて企画したのが本書『外資系トップの思考力』です。グローバルなリーディングカンパニーである外資系企業一〇社で活躍するトップにご登場いただき、これからの時代に求められる思考力やその鍛え方について伺いました。

「思考力とは何か」という問いには、「課題を設定し、ユニークな解を創り出し、実行する解を選び出す力」「自分がどうしたいか、と未来を考えること」「常に本質を考えること」といったお答えをいただきました。中でも共通して聞かれたのが、「本質」という言葉です。「問題の本質や課題を見極める」「本質はシンプルでブレない」「過去の前提にしばられていては、本質は見えてこない」など、物事の核心を見極める大切さを改めて実感させられました。

また、少し意外だったのは、「修羅場の経験と現代の教養があってこそ、有事のリーダーに必要な直観や勘が磨かれる」「直観を大切にし、自分なりの臭覚を信頼したほうがいい」「データの中には自分の感覚とどうも合わないときは、自分の感覚を大事にする」など、「直観」や「感覚」という言葉が多く出てきたことです。外資系企業のトップというとデータを精緻に分析し論理的に思考するようなイメージが強いのですが、それだけでは十分でないことに気づかされました。過去の実績経験を示すデータからだけでは、本質につながる気づきや新しい発想は得られないというわけです。極限まで追い込まれ、厳しい状況に立たされた経験から発せられた言葉だからこそ、重みもあります。どのトップも苦しい状況にあって常に本質を見抜く努力をし、将来の前提条件が揃わない中で考え抜いて決断するプロであり、だからこそトップに選ばれているのだと痛感しました。

実際に、登場いただいたトップのような「チェンジ・エージェント」として働ける人材を多くの企業が渇望していることを、本書の編者である私たちISSコンサルティングも実感しています。チェンジ・エージェントとは、経営学者P・F・ドラッカーが著書『ネクスト・ソサエティ』の中で提示した概念で、一般的には、組織の改革を推進し組織体の中で触媒として変化を促す人材を指します。弊社は一九九六年に外資系企業への転職コンサルティングを専門に扱うスペシャリティ・カンパニーとしてスタートして以来、グローバルに展開する外資系企業と優秀な人材との間の橋渡しを行ってきましたが、特に近年、めまぐるしく変化する環境に応じて「変革」を起こせる人材のニーズが高まっています。

事業の戦略にしろ、自分のキャリアにしろ、予測不能な変化を踏まえ、目標に向かってどのように最強の解を導き出せばよいのか。登場いただいたトップのみなさんも、現在の実力やキャリアを築くまでに、試行錯誤し、紆余曲折を経ておられるので、若いビジネスパーソンのみなさんにも参考になる話がいろいろ出てくると思います。「課題解決につながる本質を見極めプロフェッショナルとして活躍したい」「思考力を高め、変革を起こし企業を成長させたい」「自分自身のキャリアを高めるために実力をつけたい」といった要望にお応えできる一冊になったと確信しています。

本書は〝外資系トップ〟シリーズの第四作にあたります。二〇〇六年に上梓した『外資系トップの仕事力』を皮切りに、二〇〇八年には『外資系トップの仕事力Ⅱ』、二〇一一年には『外資系トップの英語力』を出してまいりました。本シリーズで共通して伺ってきたのは、外資系企業トップのみなさんがどのような意識でキャリアを選び、また、リーダーとしてどのように仕事に取り組んでこられたのか、ということです。そこからは、大きな仕事を楽しみながら果敢にチャレンジし、時には失敗したり、悪戦苦闘しつつも危機的な状況や困難な場面を乗り越えていく等身大のビジネスパーソンの姿が垣間見えます。だからこそ多くの読者の方から「仕事で迷ったり悩んだりしたときに、この本を読み返して元気なった」という声をいただいてきました。機会があれば、これらの本も手にとってみていただければ幸いです。

最後に、本書の刊行にあたり、ご登場いただいた一〇人のトップの方々に深くお礼を申し上げます。本書の意義にご賛同くださり、ご多忙のなか長時間のインタビューに丁寧に応じていただきました。心より感謝いたします。

また前三作と同じく、原稿作成では上阪徹氏に、撮影では公文健太郎氏にお世話になりました。併せて感謝申し上げます。

二〇一六年三月

ＩＳＳコンサルティング　関口　真由美

外資系トップの思考力

目次

編者まえがき　vi

麻野信弘
Nobuhiro Asano ‖ Dyson
ダイソン株式会社　代表取締役
リアリティの有無を徹底的に見極める。　1

上野金太郎
Kintaro Ueno ‖ Mercedes-Benz Japan
メルセデス・ベンツ日本株式会社　代表取締役社長兼CEO
自分の信じるところを諦めずに追求する。　25

熊谷昭彦

Akihiko Kumagai ‖ GE Japan

日本GE株式会社　代表取締役社長兼CEO

自分のやり方でしか、自分にはできない。
それに徹していい。

49

高岡浩三

Kohzoh Takaoka ‖ Nestlé Japan

ネスレ日本株式会社　代表取締役社長兼CEO

新しいことを始めるときは課題山積。
そういう挑戦のときこそ、人は成長できる。

73

留目真伸

Masanobu Todome ‖ Lenovo Group

レノボ・グループ　代表取締役社長

全容が摑めない中で世の中の流れを読み、
最適な手を打つ。

97

西村 豊

Yutaka Nishimura ‖ Richemont Japan

リシュモン ジャパン株式会社　代表取締役社長リージョナルCEO

熱い思いなしに、いくら戦略を
考えたところで意味がない。

121

日色 保

Tamotsu Hiiro ‖ Johnson & Johnson

ジョンソン・エンド・ジョンソン株式会社　代表取締役社長

変化が起きなさそうな決断と、
変化を生みそうな決断があれば、後者を選ぶ。

145

平野拓也

Takuya Hirano ‖ Microsoft Japan

日本マイクロソフト株式会社　取締役代表執行役社長

過去の延長線上で考えない。
何らかの前提に縛られて守りに入ってしまうから。

169

御立尚資
Takashi Mitachi ‖ The Boston Consulting Group
ボストン コンサルティング グループ　日本代表
自分の癖になってこびりついた
先入観や既成概念を取り払う。
193

三村浩一
Koichi Mimura ‖ 3M Japan
スリーエム ジャパン株式会社　代表取締役社長
自分の感覚があって、
それを裏づけるためにデータは確認する。
217

※肩書きは二〇一五年一〇月末のものです。

❖

装丁・本文レイアウト＝竹内雄二
写真＝公文健太郎

麻野信弘

Nobuhiro Asano

ダイソン株式会社
代表取締役

Dyson

Profile

1965年、大阪府生まれ。関西学院大学経済学部卒業後、88年にP&Gジャパン入社。約7年間にわたり国内セールスを担当した後、本社でセールスプランニング担当として数多くのブランドに携わる。2005年、米国P&Gのジレット買収で発足したグローバル規模の統合プロジェクトメンバーに抜擢。その後、ジレット傘下にあったブラウンの日本国内販売責任者になる。10年、ダイソンに入社し、セールスディレクターとして成果をあげ、12年より現職。

いい意味で疑ってみる。怪しいと感じたら自分で調べる

いい意味で疑ってみる、という視点が大事だと思っています。たとえば、今の販売状況は本当にいいのか。届いた情報は正しいのか。ベストの状態ではないかもしれないし、もらった情報が実は間違っているかもしれない。実際に、現場から上がってきた数字が間違っていたこともあります。私はセールスマーケティングの現場でずっと数字と格闘してきましたから、怪しいと感じたら自分で調べます。

何かを思考するには、まず考えるべき問題を設定しなければなりませんよね。その前提となる情報が間違っていたら、問題設定が狂ってしまうから、いくら正しい答えを出しても意味がありません。大事なことは、最初に正しい問題を提起できるかどうかです。

ところが、こうした考えるプロセスを踏むことが日本人はどうも苦手なのではないでしょうか。疑ってみようとしない。言われたことをそのまま受け入れてしまう。要するに、思考停止してしまっています。考えることをやめてしまっている。だから問題設定ができないし、結果としてブレイクスルーも起こせない。

日系の会社に勤めたことはありませんが、特にそういった思考停止の傾向が強い印象があります。なぜなら、働いている日本人の多くが、言われた通りにやるのが正しい、という教育を受けてしまっているから。一から十までこうしなさい、前例を踏襲しなさい、と指示されて育ってきたのではないでしょうか。所属する集団の文化や方針には、違和感があっても従うべきだと考えている。

日本人に思考力がないとは、まったく思いません。しかし、周囲との摩擦を避けることを優先して、意見を言わないし、要求もされない。これに慣れると、だんだん物事を考えなくなっていきます。

実は私自身も、キャリアをスタートした当初はこういう思考停止状態に陥っていました。考えることなく、言われたことをそのままこなしていた。しかし幸運にも、だんだんとそれでは済まない環境に自分が追い込まれていきました。

新卒でP&Gに入社した直後から、言われた通り実践しても、うまくいかなかったんです。それでも、自分が納得してやったわけですから、怒りをぶつける相手がいない。どうも言われたままやっていても成果はあがらないのではないかと気づき始めました。

その後のキャリアにおいても、前例のないことやロールモデルがいない仕事が多かったことが幸いしました。何もかも疑ってみて、自分で必死に考えざるを得なくなったのです。

自分の経験からも言えるのは、何も考えなくていい状態に身を置いてしまうことが、若いうちで一番危険だ、ということ。快適で心地良い状況を五年も一〇年も続けていたら、危ない。その間に苦労をしている人は、どんどん成長を遂げています。

もちろん、ラクな仕事を求める人生も否定はしません。でも、より高いキャリアを求めたい人は、今の仕事で「もう得るものはない」と思ったら、飛び出さないといけない。そうしないと、限りある時間を無駄に過ごすことになってしまいます。

家電大国と呼ばれる日本でも、圧倒的な商品力を武器に着実に存在感を高めているイギリスの家電メーカー、ダイソン。強力な吸引性能を誇るサイクロン式掃除機や、羽根のない扇風機など空調家電を中心に、世界約七〇カ国に展開し急成長を遂げている。日本市場での販売を担う日本法人の代表が麻野信弘氏だ。二〇一〇年にセールスの責任者として入社し、二〇一二年から代表取締役を務める。麻野氏がキャリアをスタートさせたのは、P&Gだった。

就職活動をしたのはバブル期で売り手市場でしたし、深く考えていませんでした。よくある話で、友達に誘われてP&Gの説明会に行ったんです。詳しく知らない会社でしたが、選抜方法が独特でした。多くの会社は面接をほんの二、三回すれば内定を出していた時代に、グループ・ディスカッションを二回も実施して選抜された学生だけが次の個人面接を受けられた。その個人面接でも、長時間じっくり話ができました。丸裸にされましたけど、なんともまともな選考をしてくれたと感じたんです。それが就職の決め手になりました。

でも、入社後は驚きと落胆の連続でした。当時のP&Gはまだ成長途上で、組織もルールも整っていなかったので、現場も混乱していました。私が最初に配属されたのは、故郷である大阪のセールスです。前任の先輩からは、きちんとした引き継ぎもない。地図にマーカーでさっと線を引かれて「はい、ここが君のエリアね。頑張って行ってらっしゃい」と言われただけでした。

同期に聞くと、どこをどんなふうに回れという仕事の段取りや得意先のリストも教えてもらったらしいから、単に私が不運だったのかもしれません。それも、自宅から車で出かけて直行直帰というのが基本で、営業所に出るのは月に一日だけ。一度だけ先輩に同行させてもらったのですが、車を見失って……今思えばまかれたのでしょうが（苦笑）、携帯電話もなかったので連絡もできずそのまま一人で営業に回りました。

最初のうちは小売店を片っ端から回っていきました。日本の商習慣でいえば、メーカーは本来、卸や小売店の本部と交渉すべきですが、そんなことすら知らなかったからです。朝から晩まで回っても注文はなかなかとれませんし、追い返されることもザラです。小売店の人に「卸はどちらですか」なんて間抜けな質問をして冷たくされることも多かった。

でも、そんなスタートでしたから、その後は何もかもがラクに感じました。訪問先があ

7　麻野信弘

る、商談内容がある、というだけでうれしかった。そしてこの泥臭い経験が、自分には良かったのだと思います。学生時代の私は、今思えば鼻持ちならないヤツでした。根拠のない自信だけで強気な若造が、性根を叩き直されたわけです。自分の使えなさに気がついて、だんだん素直に謙虚になっていきました。

世界の動きを知り
分析・検討する軸を持てないと、
自分の意見を堂々と言えない

P&Gでは、入社直後から同期の間で査定に差がつきます。五年目で私は九州に転勤となりましたが、優秀な同期は本社や東京支社に異動となり、自分は飛ばされたと思いました。このまま後れを取っていいのか、と危機感に襲われて、初めてガムシャラに働きました。といっても、自分の仕事を見直したり策を講じたというより、徹底して足で稼いだのです。

佐賀県でも長崎県でも、新店オープンや特売があれば朝五時から夜中まで応援に行きました。商品を輸送・保管するパレットが足りないと言われれば、レンタル交渉に出向き納品に立ち合ったり。でもセールスでは、こういう地道な戦術がじわじわと効いていきます。

さらに意識したのは、とにかく数字にこだわること。与えられた予算を達成するために、自分で定めた目標はなんとしてでも達成する。辛くはありませんでした。世の中で一番辛いのは、入社当初のように受け入れてもらえないことだと思っていましたから。

当時の学びは、さまざまな人の、いろいろな思惑で動いている販売現場の実態を熟知できたことです。やっぱり、現場に行かなければ分からないことがある。本社のマーケティング部の人がときどき研修でやって来ましたが、彼らが語る戦略はどれもうまくいきそうにない話ばかり。現状の理解が表層的で、戦略が実態に合わないことが多かった。この頃から、物事を懐疑的に見るようになりました。

九州では三年間、トップの販売成績を残すことができました。それで推薦を受けることができて、本社で販売目標を設定したり販売戦略を立てたりするセールスプランニングの部門に異動しました。現場の経験は活かせるのですが、現場の流儀や言葉で話しても本社には通じません。だから、咀嚼して伝えることを覚えました。ただ、このときも自分で深く考えていたとは言えませんね。何も分かりませんから、指示されたことをこなしていました。猛烈に忙しくて、帰宅も遅く勉強する時間もありませんでしたし。

いろいろと思考を巡らせるようになったのは、マネージャーに昇進して、複数のブランドを担当するようになってからです。問題が起きれば、責任者として対応に当たらなければならない。過去に例のない方策をひねり出したこともあります。安定供給できない状態に陥った商品の出荷を、思い切って止めたのです。得意先にすごく怒られましたけど。でもトラブルに対処するときは、より大きくリスクを取ったほうがトータルの労力は少なくて済む、ということも知りました。

この頃、考えるべきテーマは増えたのですが、平日は通常の仕事もこなさなければならず、悠長に思考を巡らせている余裕はありません。だから、休日にウジウジ悩んでいました。趣味の自転車を走らせながら、ずっと考えていた。アイデアが浮かんだら自転車を停めてメモをして。運動しているときに何かが思い浮かぶことが多かったですね。

キャリアの大きな転機になったのは二〇〇五年。P&Gのジレット買収にあたり、統合プロジェクトが発足した。M&Aをサポートするコンサルティング会社のマッキンゼー・アンド・カンパニーを含めて、全世界から約五〇人の精鋭が集められた国際的なチームのメンバーに、麻野氏が選ばれたのだ。しかも日本から参加したのは、麻野氏一人だけだった。

もともとセールスプランニングのマネージャーになる前に、アメリカで営業をやってみないかという打診があったのですが、先方の事情で立ち消えになってしまったんです。だから、改めての海外アサインメントとして、この事業統合プロジェクトに参加する話が舞い込んだのではないかと思います。大きなプロジェクトへの大抜擢ですから、びっくりしましたし、光栄に感じました。でも、高ぶる気持ちはあっという間に消え失せました。全員で揃ってみると、五〇人いたメンバーの中で私が五〇番目の出来だということが明らかだったからです。他のメンバーは、イギリスのセールスディレクターやフィリピンのプレジデントなど、年齢もポジションもかなりの格上ばかり。日本の状況を説明しようにも、英語もうまく操れない。あらゆる面で能力の差は歴然でした。

悔しさや無力感を徹底的に味わいましたが、だからこそ学びも大きかった。

そのひとつがマッキンゼーの課題分析や解決のメソッドで、これらを実地で学べました。猛烈なスピードで取り組みますから、ついていくのも必死でした。

もうひとつ、私の小さな強みを活かせたとすれば、現場を起点として問題の構造を捉えられたことです。何か調べるにも調査会社を使ったりせずに、ジレットの人と一緒に小売店や量販店の本部を回って、現場の話を実際に聞いていきました。そして地道に事実を掘り起こしたうえで、ジレットの人たちと一緒に食事をとりつつ議論していくと、下手な英語でも相手の信頼が増していくのを感じました。

やっぱり本当に切羽詰まらないと、本気で考えたりはできないものです。これをやらないと……と漠然と思っているくらいでは深い思考にたどり着けない。このときは自分がいかに劣後しているか、徹底的に思い知らされて追い詰められた。日本では割と良いポジションにいるなと安穏としていたところ、グローバルに出てみたら使い物にならない。四〇

誰かが言うことを鵜呑みにしてはいけない。
私は、ほとんど信じません。
自分で確かめないことは簡単に納得しない

歳で間に合うかどうか分からないけれど、勉強しなければ、と本気で思いました。

何が一番足りないかといえば、自分の意見を堂々と言えなかったことです。ある現象が目の前にあっても、分析・検討する軸が自分にないから意見を言えない。だから、プレゼンテーションなどのスキルを学ぶこと以上に、世界の動きを知る必要があると思いました。世界のビジネス情勢にとどまらず、政治や社会の動きなど大きな相場について勉強しなければと、海外のビジネス誌や新聞、書籍などを読み始めたのは、この頃からです。

新しい環境では
ゼロから調べて、肌で感じ、
確認して、みずから考える

プロジェクトを終えると、ジレット傘下にあった家電ブランド、ブラウンの日本国内での販売を任されることになりました。主力製品は、シェーバーなどの家電製品です。P&G時代に扱っていた生活消費財とは勝手が違います。流通ルートも商習慣も文化も何もかもが違った。しかも、もともと別の会社ですから、誰も知り合いがいない。落下傘で送り込まれて、完全によそ者扱いでした。

しかも、配属から間もないタイミングで販売責任者が退職して、私が後任になってしまったんです。このときも、まずはビジネスを知ることが一番だと考えて、生え抜きの社員たちと全国の現場を回りました。

そうやって人間関係を築いていた矢先、P&Gから内々にリストラを命じられました。経営統合効果をあげるには、効率をあげなければならない。そのための方策はいろいろ考えられますが、当時のP&Gが推進していた、卸を通さず〝中抜き〟して小売店に直接販売する方式をブラウンでも導入するよう言われました。卸に払うべきマージンが浮くうえ、販売動向がより身近に分かるから。しかし、家電ビジネスで卸を排除すると、量販店チェーンごとに発注や在庫管理などの事務処理やシステムが異なるため、かえって事務作業に人手がかかって非効率になってしまいます。

私が決断したのは、あえて卸を活用することでした。卸へのマージンは必要ですが、量販店ごとに事務対応する必要はなくなる。受発注や経理関係の仕事は自動化して、海外にあるP&Gの間接部門を共有できるし、店頭のフォローや販促物の保管・設置も卸に頼めるようになるからです。結果的に、かなり大きな人員削減を敢行することになりました。全社員たちと良い関係が築けていただけに、苦渋の決断です。リストラの狙いについて、全国を回って社員に直接説明しました。時間がなくて、空港で話をした社員もいました。申し訳ない、という気持ちを伝えなければいけない。でも、時代の流れに抗うことはできません。みんな理解を示してくれました。

事業の仕組みもメンバーも知らない、まったく新しい環境に放り込まれたのは、これが初めての経験でした。改めて痛感したのは、誰かの話を鵜呑みにせず、自分でゼロから調べて、肌で感じ、確認して、みずから考えることの重要性です。それを実践できたからこそ、抜本的なリストラのプランを練り、実行できたのだと思います。

ただ、自分の心の中には傷が残りました。多くの社員が会社を去り、自分だけ留まるわけにはいかない。部署を異動しても、居心地の悪さは変わりません。実はそれ以前から声をかけてもらっていたダイソンへの転職を、このとき受ける決心をしました。

日本におけるブラウン製品の展開で成果をあげた麻野氏には、実は早い時点で人材会社を通じてダイソンから声がかかっていた。二度、三度と断っていた麻野氏だが、二〇一〇年にとうとう打診を受け入れる。日本市場の販売業務を統括するセールスディレクターとしての入社だった。

私自身が入社前からダイソンのユーザーで、いい製品だなと思っていたのです。でも、知り合いが二人ほど短期間で辞めていたので、会社に対してはあまりいいイメージを持っていなかった。後で聞いたら、それぞれ個別の事情だったらしいのですが。実際、入社してみたら、いい意味で外資っぽくなく、すごくまじめかつ地道で、イメージと違いました。

入社するときの面接で言われたのは、得意先とウイン‐ウインの関係を築いてほしいということ。外資系メーカーは特に利益を重視しますから、小売側の利幅が薄くなりがちです。当然、小売店は扱うのを嫌がって商談が建設的に進まないことも多いのですが、ダイソンは双方両得の関係を築いてほしい、と。本質を突いているな、と思いました。

一方で、ダイソンは目標設定が非常に高い。売上目標など、ちょっとやそっとでは達成できない数字を要求されます。新製品が出れば前期比二五％増なんて当たり前、という雰囲気です。しかも、伸びている会社で勢いのあるときというのは、そんな高い目標も全世界で本当に達成してしまうんですね。だから、翌年の予算はさらに高くなる。でも、なんとか達成する方法を考えるしかありません。

ダイソンに移ったときも、徹底的に現場を見て回ることから始めました。販売されている現場に行く。ダイソン製品のシェアが三〇％の店と五％の店では何が違うのか。一番大きな差を生むのは、最前線にいる販売支援員の方がどれだけダイソンを勧めてくださっているか、でした。販売支援員の方に、売り込んでいただきたいポイントを十分理解してもらえているか。さらに細かい販売数字も自分でチェックして、どの店でどのくらい、どんなふうに伸ばせる余地があるのか一緒に考えていきました。

その結果、新製品がうまいタイミングで発売された幸運も重なり、大きくシェアを伸ばし目標予算も達成できました。少し前に発表されたサイクロン掃除機のハンディタイプや、入社直前に発表された羽根のない扇風機「エアマルチプライアー（現ダイソン クール）」のヒットが大きく牽引してくれたのです。

ダイソン本社の野心的な目標設定と、それを緻密に実行するセールス出身の私とのコンビネーションが、とてもうまくいったのだと思いました。

二者択一では、どちらを取っても問題が起こるか、どちらにも決まらないか。だから、第三の道を考える

さらなる転機を迎えたのは二〇一一年のことです。きっかけは、先代社長の健康上の問題による急な退任でした。本社からは「外部から優秀な経営者をスカウトしてくるから、当座の間、社長代理をしてくれ」と言われました。組織を回す人間が必要だし、そのぶん期間内だけは給料も割増しするというので（笑）、引き受けました。

東日本大震災が起きたのは、その直後です。日本全体が混乱する中で、私たちも全社一丸となって対応に当たりました。震災による電力不足を背景に扇風機の需要が増加したこともあり、売上を五〇％積み増せました。

後任社長については、二〇一二年に入ってようやく何人かの候補者に絞り込んだ、とい

う連絡が本社から来ました。なんと代理社長だった私もその候補のひとりだ、と。想像するに、震災の苦境を乗り越えて業績もアップさせたし、こいつも候補に加えるか、という話になったのだと思います。

心底びっくりしたのと同時に、言われてみて初めて「社長をやってみたい」と強烈に思いました。最終決定は、創業者で代表であるジェームズ・ダイソンとの直接面接で、一週間後には行うという。あれこれ考える時間的な余裕もなく、面接に臨みました。

おそらく他の候補者は、人材会社から声をかけられた時点で、どんな人材が求められているか聞いたでしょう。しかし、私はそれも聞かないままで、幸運にも選んでもらった。どうして自分だったのか、いまだに教えてもらっていません。

二〇一二年の社長就任から四年。ダイソンは次々と新しい製品を送り出し、日本でも右肩上がりの業績が続いている。麻野氏は、継続的な成長戦略をどのように考えて舵取りしているのか。

常に、第三の道を考えていますね。こっちかあっちか、という二者択一では、どちらを取っても問題が起こる、あるいはどちらにも決まらないことが意外と多いですから。

そういうときは、もうひとつ別の方法を考えないと、前には進まない。これまで実施したことのない解決策――そういう第三の道を最初から考えています。均衡させるのではなく、極端な方策に出ることもある。

第三の道はそう簡単には思いつきませんが、とはいえ打ち手はいろいろあると思います。考える際は、問題解決思考のツールであるグロー（grow）モデルをよく使います。目標（Goal）を設定して、現実（Real）の諸条件を見据え、オプション（Options）も含めた行動案を作る。そして意志（Will）を持って取り組む。

ポイントは、リアリティの有無でしょう。これを徹底的に見極めないといけない。

私がこのグローモデルを活用し始めたのは、P&Gを辞める直前にブラウンでリストラをしたときです。相当な人数に対して辞めてもらう話をしたわけですが、会社の目指す目標がある一方で、それぞれの社員の事情も無視できません。ですから、会社が描く未来像に向けてやるべきことと、リストラ対象となった社員の事情をそれぞれ洗い出して、一人ひとりについて考え抜きました。結果として、なんとか実行できたと思います。

だから今も、どんなテーマについても、まず目標は何なのか、現状をきちんと摑めているか確認する、というステップを必ず踏みます。現状を十分把握しないまま判断すると間違えかねない。行動案も、リアリティの数だけ考え得ることに気づきます。

数字は都合のいいように積み上げたり先送りしたりできるからもらった数字情報は楽観視しない

これは私自身が痛感していることですが、何かを思考をするうえで、誰かが言っていることを鵜呑みにしてはダメですよね。私は自分で確かめないことには納得しません。楽観的な見方もしない。悲観的にもなりませんが、客観的であろうと思っています。

データはたしかに重要です。データをもとにダメなものはダメ、という結果を突きつけられたときは、それをごまかしても仕方がない。ただし、数字は自分の都合のいいように積み上げたり先送りしたりできます。新国立競技場の建設費だって、建設費用が高騰しているとはいえ、見通しに大きな開きがありますよね。ああいうことが簡単に起きてしまうのも、数字の怖いところだと思っています。

だから、数字であっても人からもらった二次情報は楽観視せず、参考にしかしません。一次情報を手に入れるのが難しい場合も、できるだけそれに近づく努力をする。聞きかじりの情報でも独り歩きして、おかしなバイアスがどんどんかかっていく場合があります。情報は自分の目で確かめる必要があります。

あとは、直感も大切にしますね。何かヘンだな、臭うな、と感じたら、うまくいかないことが多い。同じような経験を持つ方は多いのではないでしょうか。自分なりの嗅覚は信頼したほうがいいし、それを磨く努力をすべきだと思います。逆に、明確な理由はないけれど、これはいけそう、と感じることもある。この場合、実行までは至りませんが、次のアクションを起こすきっかけにはなります。

私は決して悲観的なタイプではありません。でも、現実を楽観的には見ないし、立てた計画が想定の範囲内で簡単にうまくいくとも思いません。その結果、第三の道といったように、もう一案、もう二案を考えておこう、となる。もうひとつ重視するとすれば、タイミングです。このタイミングでないといけないというときは、思い切って実行するほうを選びます。

私の場合、目標を達成することが仕事の原動力です。達成するのが、好きなんですよ。プライベートでも記録魔なので、一日の歩数や読書歴、生活の多くのことについて記録し、何でも数値目標を作って達成することに喜びを感じます。いわば、達成魔。ダイソンでも一週間の店頭の販売実績値が出るのですが、社内で何を置いても一番に目を通しているのは私ではないでしょうか（笑）。目標を意識して、達成するための方法を考える。この達成意識をどれだけ強く持てるか。それが思考力を大きく左右する、と私は思っています。

ダイソン株式会社

1979年、創業者のジェームズ・ダイソンが世界で初めて遠心力によるサイクロン技術の試作品を完成させる。84年、同技術の日本企業とのライセンス契約で得た特許使用料を元手にダイソンを設立し、紙パックを必要としないデュアルサイクロンテクノロジーを搭載した掃除機「DC01」を発売。現在は独自のモーター技術を軸に製品群を拡大し、約70カ国に展開。全世界の従業員数は5000人で、うち2000人はエンジニア。日本法人は98年に設立、従業員数約180人。

上野金太郎

Kintaro Ueno

メルセデス・ベンツ日本株式会社
代表取締役社長兼CEO

Mercedes-Benz Japan

Profile

1964年、東京都生まれ。87年、早稲田大学卒業後、メルセデス・ベンツ日本に新卒採用一期生として入社。営業、広報、ドイツ本社勤務などを経験して帰国後は社長室室長。2003年1月、商用車部門取締役、同年4月、常務取締役、2007年、副社長を経て、2012年に代表取締役社長兼CEOに就任。歴代初の日本人社長となる。車を売らないショールーム「メルセデス・ベンツ コネクション」など、日本発の取り組みは世界の注目を集めている。著書に『なぜ、メルセデス・ベンツは選ばれるのか?』(サンマーク出版)がある。

自分の考えだけでは足りない。人に教えたり、教えてもらう。それが思考力を変えるんです

誰しも、過去に得た知識や経験をもとに思考を組み立てて判断するわけですよね。もし、知識や経験がなかったとしたら、運だけで結果を目指すことになります。だから知識や経験は大事で、自分の中に蓄えることも大切なのだけど、自分の持っている情報を他の人に伝える、あるいは他の人からももらう、ということのほうがもっと大切だ、と思うようになりました。

自分が持っている知識や経験を、どのように組み立てて、相手に投げられるか。あるいは、相手が組み立てた情報を、どうやってキャッチできるか。そこで理解が生まれ、互いの頭の中に浸透していくと、ある種のコラボレーションが生まれる。これが、僕の思うところの思考力です。

脳には莫大なデータを保存しておけますが、一方で外に送り出すこともできます。特に若い頃は、いい情報は自分だけで取っておきたいと思うものですが、むしろ、いい情報こそ外に出して共有していったほうがいいということが、年を追うごとに分かってきました。

自分は忘れてしまうかもしれないし、みんなに教えればもっといいアイデアにつながるかもしれない。それは、みんなにも自分にもさらなるプラスを生むかもしれない。さらに、いろいろな思考回路が結ばれて、突破力のあるアイデアが生まれる可能性が出てくるのですから。

今は情報が氾濫して、ともすれば間違った情報もどんどん出回り、人を傷つけてしまう場合もある。そんな中で、多くの人がいろいろな知識や思考を蓄えつつ共有して、ひとつの方向を目指すのが、成功への近道じゃないかと僕は思っています。

人間はそれぞれ、キャラクターもスピード感も違う。だから、共有するという意識を持って、ひとつの方向を目指すことが、意味を持ちます。誰かが優れているとかいないとかではなくて、方向が合致していれば、いろいろな能力や情報が力になっていくと思うんです。

結局、自分の考えだけでは足りないんですよ。世の中にある、いろいろな考え方の中の偏った着地点しか見出せないかもしれない。それを防ぐため、僕はいつも人に質問するんです。特に「これには反対です」という声が上がると、すぐに聞きにいく。そうすると反対の理由が見える。なるほど、こんな考え方もあるのか、と気づくことができる。

だから、ダメ出ししてくれる人は大事です。そういう人を、あえて抜擢したりもします。いろいろな思考を巡らせ、それを互いに知っていくことこそ大切だと思います。

一八八六年に世界で初めて自動車を作った会社、ダイムラー社の乗用車・商用車ブランドがメルセデス・ベンツである。中でも、日本法人の業績は絶好調だ。二〇一二年の販売台数は、前年比二六・二％増の四万一九〇一台。二〇一三年は同じく二八・二％増の五万三七二〇万台。二〇一四年には一三・二％増の六万八三四台。新車販売台数の最高記録を塗り替え、日本法人は本社の表彰制度マーケット・オブ・ザ・イヤーを受賞した。連続受賞すら初という中で、三年連続の受賞。この成長を牽引しているのが、二〇一二年に社長に就任した上野金太郎氏。日本人として初めて、メルセデス・ベンツ日本の社長に就いた人物である。

僕が小学生のとき突然、父にインターナショナルスクールへ放り込まれましてね。父は小さな会社を経営していて、これからは英語のひとつもできないとダメだろう、という思いがあったんだと思います。自身、英語が得意ではなかったし、苦労もしていたようですから。

僕にとっては、このインターナショナルスクールでの経験が、長らくトラウマでした。今と違って、クラスメイトはほとんど外国人の子どもです。僕は特に事前の準備もなく通い始めたので、ひらがなの「し」とアルファベットの「J」の区別もつかないような状態でした。それはもう、コテンパンでプライドもズタズタ。行くのが嫌で仕方がなかった。それでも、早い時期に担任の先生が気づいて放課後や週末に補習をしてくれたので、なんとか授業についていけるようになりました。

今振り返ると、父の選択は正しかったと思います。語学力だけでなく、自由を重んじて、右にならえを良しとしないカルチャーで育ったことは良かったな、と。

カリキュラムも、唯一の正解がある問題の解き方を覚えることより、詩を書いたり課外授業へ出かけて、想像力を高めたり個々人の内面を引き出すことを重視している印象でした。当時すりこまれたせいか、答えはひとつだけじゃない、という感覚は今も持っていますね。

それでも、競争は結構あったんです。『ジキル博士とハイド氏』（一八八六年）などで知られる小説家のロバート・ルイス・スティーヴンソンについて語りましょう、なんていうお題を与えられ、積極的に意見を言い合ったりして、子ども心に競争心は芽生えていました。想像力を高めろ、頭を使え、という競争です。

しかも面白かったのは、授業が終わったら競争は終わり、何事もなかったかのように通常のクラスに戻るんです。勝った負けたと引きずらない気持ちの切り替えはここで学びました。

就職して最初の二年間、現場の最前線でもまれながら体得した一連の業務と人脈に三〇～四〇代はすごく助けられた

高校からは日本の学校に入るんですが、我が道を行く姿勢は変わりませんでした。都心に自宅があったのに、高校二年生からは自立したくて一人暮らしを始めましてね。僕は一人っ子でしたから両親からあふれる愛情を注いでもらったぶん、早くに親離れしたんだと思います。あれやこれやと言われるよりは、自活したほうがいい、と。

当然、生活費も稼がないといけません。ガソリンスタンドで働いたり、友達と一緒に週末のビル清掃に行ったりして、これはこれで勉強になりました。いろいろアルバイトをした中でも割が良かったのは、通訳です。インターナショナルスクールで身につけた英語がすぐに役に立ちました。

三五年も前ですから、簡単な通訳を頼める組織も少なかったためか重宝されて、いろいろな場を経験できました。そのひとつが、自動車の世界だったんです。

プラモデル店でのスロットカーレースをきっかけに、車好きの大人たちと付き合いが始まると、鈴鹿の八時間耐久レースの通訳をお願いされたりしました。大学に入って免許を

取ってからは、カメラマンのアシスタント兼ドライバーのアルバイトに明け暮れました。国際レースをはじめ、メディア関連で車の世界にどっぷり漬かることになったんです。

もしかすると、モータージャーナリストという選択肢もあるかもしれない。そんなことをぼんやり考えながら、就職活動を始めました。一九八六年のことです。成績も良くなかったし、ラクに就職はできないだろうと覚悟しつつ会社訪問をしていたんですが、たまたま訪れたビルの隣のビルに、メルセデス・ベンツ日本という社名を見つけたんですね。よく知っている車でしたし、ダメ元だと思って飛び込みで受付に行きました。

すると、すぐに人事部長が出てきて、採用は考えていないけど面接はしましょう、と言ってくれました。メルセデス・ベンツ日本は、ちょうどその年にできたばかりの新しい会社で、偶然にも訪問してしまったのです。なんと翌日には役員面接をして、内定をもらいました。

当時の従業員は三〇人ほど、同期入社は三人でした。扱っていたのは四~五車種だったと思います。六万台も売る会社に成長するなんて、まったく想像していませんでした。ドイツの本社も、こんな未来は描いていなかったんじゃないでしょうか。でも、時代の変遷とともに、商品や会社も大きく変化、成長してきました。個人の嗜好の多様化に合わせて九〇年代の半ばにプロダクト・オフェンシブ（商品攻勢）を敢行し、それまでのクーぺやセダンに加えてＳＵＶや小型車など新たな車型を打ち出しました。二〇〇〇年代はさらに車種を広げ、近年は環境に配慮したエンジンのバリエーションを増やすなど、現在、二六車種一三〇モデルにまで拡大しています。

入社後は、マーケティング部門に行くものだとばかり思っていた。だが、配属は営業部。今は百数十人の部門だが、当時はわずか五人。仕事は、車の輸入から販売ルートに載せるまで。上野氏を待っていたのは、輸入車が日本に運ばれてくる、現場の最前線だった。

最初の配属は営業部でしたが、いわゆる営業とは違います。朝起きると、ツナギを着て自宅から港に直行して、船から荷降ろしされる車を一台ずつ検品する。一日一回は新車整備工場に寄り、一日二回は販売店に出向き、週に一度は輸入税関に足を運んでいました。

車を洗ったりシールを貼ったり、全部やりましたね。ＩＴが導入される前ですから、出金伝票は手書きでしたし。税金の計算なども、電卓片手にカタカタやっていました。

入社前に抱いていた働き方のイメージとは、ずいぶん違っていました。漠然とマーケティングをやりたいと思っていたので。結局、マーケティングを担当できたのは、四〇代半ばで副社長になったときです。ちょっと時間がかかりましたね（笑）。

ただ、この最初の二年間はとても意味がありました。メルセデス・ベンツ日本というのは何の会社か、ということを体に叩き込まれましたから。

実際、ビジネスモデルは今も変わっていないんです。車を本社に発注して輸入して、整備して販売する。車を運ぶのも基本は船だし、プロセスの基本は何も変わらない。業務の一部がＩＴ化されて少し効率的になっただけです。

それと、当時面白かったのは、会社が目に見えて大きくなっていったことでした。僕の社員番号は四三番と入社自体はかなり早いのですが、後からどんどん入ってきたほとんどが中途入社の人ですから、僕はいつまで経っても若手の下っ端でしてね。何かしら仕事が発生すれば、とりあえず、すべて僕の仕事でした。

上司にもよく「上野はいい勉強してるよ」と言われ、便利屋みたいで冗談じゃねえよと反発を感じたこともありましたが、本当にその上司の言った通りでした。車のことも、価格関連についても全部分かった。輸入・通関・発注も、これはひとつの技術なんです。

以後、広報やカスタマーリレーションなど、いろいろな仕事をする中で、この最初の二年間の知識が本当に役に立ちました。知り合いもたくさんできたので、緊急で困ったときは、その人たちに連絡するとすぐに的確なアドバイスをもらえてすごく助けられました。三〇代、四〇代の仕事が本当にやりやすくなったんです。

広報に異動したのは、入社三年目。一年ぐらいして実感したのは、「広報」という言葉に惑わされてはいけない、ということです。

最初は、メディアの人に新車に試乗してもらって「うまく書いてくださいね」とお願い

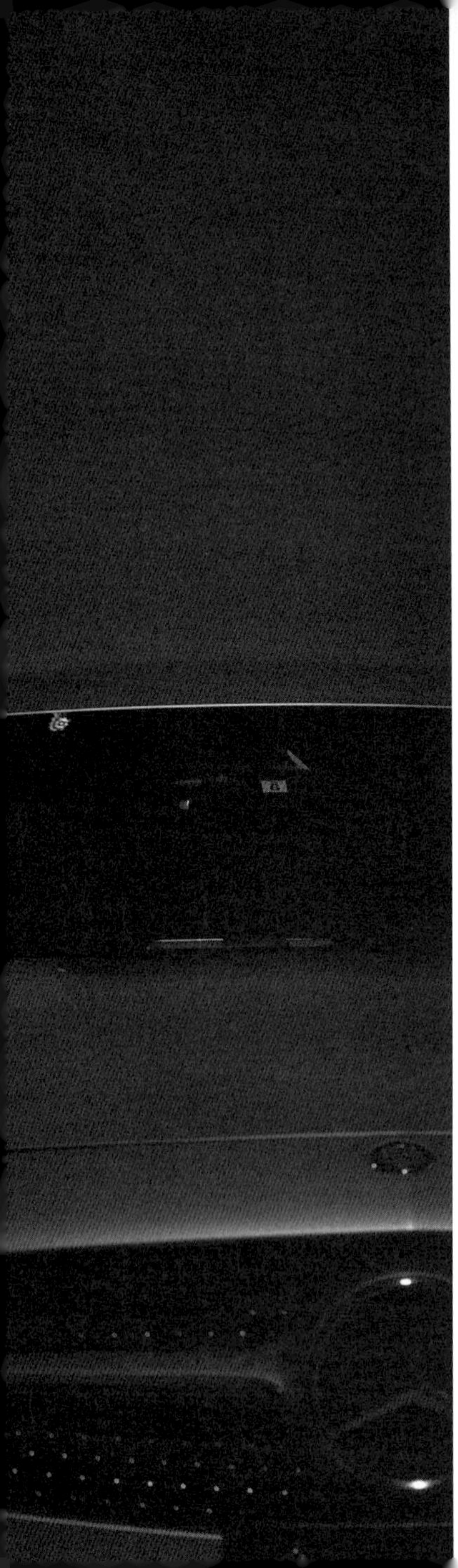

自分がどうしたいのか、と未来を考えることこそ、
まさに思考力でしょう。
その意思こそが、会社の未来を変えていくんです

するのが仕事だと思っていました。でも冷静に考えてみると、大事なことは人間関係の構築です。本当に自分たちの意思がプロダクトを通じて伝われば、相手も気持ちよく書いてくれる。悪いところは悪いと言ってくれるし、いいところは褒めてもくれる。製品の広報でも会社の広報でも、大事なことは自分たちの意思を伝えることです。

もうひとつ広報時代に学んだのは、社内広報の重要性です。縦割りの組織は、どうしても意思の疎通がしづらくなります。実は今も、広報が力を入れているのは社内向けです。会社として新しい取り組みをするにしても、社内に理解してもらわなければ成功しない。

みんなに頼られて、謝り方も断り方も上手で、物事をきちんと見ている。そんな気持ちのいい人が出世していく

その後のキャリアはと言うと、二年おきくらいに担当業務が変わっていきました。会社で何か必要性が生じたり、問題が起きたり、人手が足りなくなると呼ばれる。まんべんなくさまざまな仕事をする中で、いろいろな世界を見せてもらいました。

入社七年目、二九歳のときにはドイツ本社へ研修を兼ねて短期赴任しました。語学研修に始まり、まったくの一人きりです。今と違ってメールも携帯電話もない。慣れない外国

暮らしで孤独感たっぷりでした。でも、しばらくすると、せっかく来させてもらったのに一年間こなしてすぐに帰国するというのももったいないなと思い始めました。いろいろな部署を見せてほしい、と直談判してみると、なんと懐が深いことにワガママを聞いてもらえたんです。滞在を延長し、セールスにも帯同させてもらったりして。

ドイツ人の緻密な仕事を初めて見せてもらったのは、このときです。一般に日本人は緻密だと言われますが、ドイツ人はもっと上をいくし、細かな数字もきちんと頭に入っている。この点は後にも痛感しました。

しかも、猛烈に働きます。朝七時半にはみんな会社に来てゴリゴリ働いている。そして夕方には帰る。帰りに一杯、なんてことはまずありません。そもそもシュツットガルトの田舎ですし。働き者だらけなわけです。そして、一人がさまざまな仕事をする。ずっとマーケティングをやりたいから他の仕事はしたくない、なんて言いません。

実際、本社ではローテーションして、さまざまな仕事を経験しないと出世できません。多様なキャリアを評価するんですね。いったん社外に出て戻ってくる人も少なくない。

僕の印象では、やっぱり性格が良くて、身なりもきちんとしていて、仕事ができる人が出世しています。みんなに頼られて、謝り方も断り方も上手で、物事をきちんと見ている。当たり前みたいですが、すごく気持ちのいい人が偉くなっていきます。あれ？　と疑問符がつくような人は、出世もどこかで止まってしまいますね。

社内でさまざまな仕事を経験してきた上野氏のひとつの転機は、商用車部門担当の役員になったことだ。トラックやバンを扱う部門である。特にトラックは世界的に知られるブランドでありながら、日本で苦戦していた。それまで社長室で事業戦略を担当していた上野氏は二〇〇二年、三八歳のときに懸案だったこの商用車部門を委ねられる。

状況は厳しかったですね。赤字でしたから、せめて他部門に迷惑をかけない状態にしないといけない。黒字化するには、もっと数を売るか、経費を減らすか、人を減らすか、しかない。シンプルな話です。

僕は常務取締役として着任し、すぐにオフィスも安いところに引っ越したし、監査で効率改善ポイントを挙げてもらい端から実行しました。一方で、後ろ向きの施策だけでは社内が暗くなりますから、お金をかけてでも「東京モーターショー」に出たり、お客さまを呼ぶ発表イベントを開催するなど並行してやりました。

トラック部門全体が、なんとなく仕事をしているつもり、という緩い感じになっていたので、本気さを取り戻してほしかった。だから、僕も真っ向勝負です。異動して真っ先にしたのは、大型自動車免許の取得でした。そのくらいやらないと、本気は伝わらないと思いましたから。

Driving Performance describes the
two core elements of our brand: firstly, the unique
driving experience – power output, handling,
and secondly, our claim to be the innovator
igh-performance segment.

お客さまのところにも、出向きました。トラックは一台一五〇〇万円から一億円以上します。今も覚えていますが、まとめて八〇台買うと言ってくださったオーナーとは、商談に入る前にまずお酒の席にご一緒することに。日本刀の飾られた床の間を背に盃を差し出され、かなりの迫力に内心ビクつきながら夢中で飲みほしました。

門前払いされることもあったし、来いと言われて行ったのに会ってもらえないことも日常茶飯事でした。しばらくご無沙汰して伺うと、「あれ、生きてたの」とそっぽを向かれる。菓子折を無視されることもザラです。それでも、信頼をつなぐ努力を続けるしかありません。割った石を運ぶ現場を視察するために、真冬の八甲田に行ったこともあります。「じゃあ、買ってやるか」と言ってもらえると、僕も欲が出ます。「では五台くらいお願いします」と返すと、「まけてくれるのか」と逆襲されたりして（笑）。

結果、みんなの頑張りで、販売目標を達成できました。うれしかったですね。

成功するまでやり遂げるには
時計を高速回転させて
次の手を考え続ける

父が会社を経営するのを見ていて、いいときばかりじゃなく辛いときのほうがむしろ多いことは痛感していました。だから、僕がよく言うのは、「会社員は会社に行けばお金がもらえるんだから恵まれている」という点です。きちんと仕事をしている人こそ、このありがたさに気づくと、給料分の働きをしようといっそう成果にこだわるはず。そしてリーダーは、メンバー全員に気づかせてあげないといけない。そのチームは強くなれる。

人間が一人でできることには限界があるから、チームワークは極めて重要です。チームワークを高めるには、こうするんだ、こうなるんだ、という目標をしっかり描いて共有することが大切だと思っています。

とはいえ、マーケティングにしても営業施策にしても、自分が旗振り役で、ふと振り返ったら周りがついてきていなかったというのも、まま起こり得ることです。それを防ぐために僕がいつも心掛けているのは、時計を早回しするように次の事態を予想することです。次はこうなって、ああなって……と常に考えていく。

最初から失敗しようと思う人はいませんよね。成功しないと意味がない。成功するまでやり遂げるためにも、何よりリーダーは、時計を高速回転させて次の手を考え続けないといけないんです。どんなことがあっても。

商用車部門は、会社の判断で撤退が決まった。上野氏は撤退業務に当たりながら、その厳しい事業を率いた経験を買われ、販売店ネットワーク開発と人事まで三役を兼務するという大役をこなし、四二歳でマーケティング担当の副社長になる。メルセデス・ベンツ日本の快進撃が始まったのは、この頃からだ。イオンモールでの展示、価格を明示するなど非常にインパクトのある〝メルセデス〟らしくない比較広告、車を売らないショールーム「メルセデス・ベンツ コネクション」の開店、さらには業界の度肝を抜いたアニメーションCMなど、大胆な施策は、日本におけるメルセデス・ベンツのイメージを大きく変えていった。

一番大事なことは、自信を持って商品を送り出しているかどうかだと思っています。自信は、あらゆるところに醸し出されていくからです。決して傲慢になるわけではないけれど、確信したメッセージで車を押し出す。この車は強気でいこう、とか、理解してもらおう、といったこちらの気持ちは、すべてマーケティングに現れてきます。

絶対にやってはいけないのが、なんとなく売れそうだから一〇万円くらい高くしておこうか、というぞんざいなやり方です。こういう売り方をしていると、簡単にダメになる。お客さまは敏感に察知します。伝わってしまうんです。

お客さまというのは、すごい。こちらが少しでもダメだと思うもの、おかしいと思うものは、絶対に買わない。作り手や売り手がしっかりと自信を持っていなかったり、嘘をつこうとしたり、いい加減にやろうとしたら、絶対に見抜かれる。お客さまは、お見通しです。スイートスポットに当たれば売れるし、当たらなければ売れない。

スイートスポットは、車によって異なります。セダンが好きな人とSUVが好きな人、どちらでもいい人、日本車が好きな人、ドイツ車が好きな人、ヨーロッパの車が好きな人……。それぞれ考え方はまったく違う。このすべてが重なれば最も大きなマーケットになりますが、そういうケースはほとんどありません。それぞれのセグメントから少しずつヒットするマーケットを見つけていくのが、僕たちの仕事です。

それこそ小型車を打ち出すとき、僕たちが強く意識したのは、自分たちのマーケットから出ていくことでした。従来のメルセデス・ベンツのセグメントを追求していっても、パイの食い合いになるだけ。国産車も含めた、広いマーケットを見ていこう、と。

そのためには、積極的な価格戦略にも取り組まざるを得ませんでした。今までのお客さまとは、少し違ったオプションの組み立てをしました。

二〇一三年一月に発売した「新型Aクラス」のCMにアニメーションを使ったのも、車自体のコンセプトが前の二代とは大きく変わったからです。何を変えたのか、きちんと雰囲気を変えて伝えたかった。ファミリー感覚よりスポーティーなエッセンス。車の映像を流せば伝わるけれど、もっと尖らせたイメージで、日本人により伝わりやすい独自のものを作りたかったんです。

ちなみに、どんな戦略でも途中で腑に落ちないことがあれば、どんなタイミングであっても中止します。自信のないことを実行するのは、絶対に嫌ですね。妥協してはいけない。

うまくいかなかったのと、失敗したのとは違う。自分の信じるところを諦めずに追求する

業績がいい、という現状には怖さもあります。六万台という販売台数は、かつては想像もできなかった数字です。でも、これが当たり前になる。今年六万台で、来年五万八〇〇〇台だと、毎月マイナスになります。そんな発表をしたら、すぐに「ベンツはどうなった」と報じられます。僕は広報にいたので、負の報道の怖さもよく知っています。

少なくとも、経営トップは常に右肩上がりのイメージを持っていないといけない。今の好調さも、副社長時代から見越していたものでした。予想よりとてつもなく好転したとか、以前何かがとてつもなく不調だったわけではなくて、目算通りにやってきた結果です。

それが実現できたのは、営業に限らずビジネスに関わる社員や販売店など、みんなに本気になってもらえたからです。意思って言うんでしょうか。僕たちが目指すのは、どっちの方向なのか、どうしたいのか……そういう目標をみんなで意識できるかどうか。数字なんてある種の記号ですが、社員や販売店さんがその気になってくれず、そんなものいくわ

けないよと思っていたら、絶対に達成できない。

　それこそ外国でよく聞くのは、社内の清掃をしている人に至るまで、会社の目標を理解しているのが理想だと。そのくらい組織のすみずみまで自分たちが目指すものを共有して語れるか。考えたことを、きちんと実行していけるか。それが問われる。

　あとは、戦略の実行段階であまりうまくいかなかったときも、簡単に失敗だとは考えないですね。さっき、失敗を目指すヤツはいないという話もしましたが、「うまくいかなかった」のと「失敗した」のとは違います。計算の弱い人が部下に予算を預けて、その計算が大きく間違ってた、なんていう致命的なのは失敗ですよ。でも、うまくいかないからと簡単に諦めていたら、永遠に成功しません。

　自分が言ったことややりたいことを簡単に諦めないことは大切です。場合によって切り替えることも必要だけど、自分の信じるところを諦めずに追求する。「メルセデス・ベンツ コネクション」というお店も構想を描いてから実現するまで一五年かかったし、マーケティングの仕事に就けたのも二〇年越しだったけれど、それで良かったと思っています。

　自分がどうしたいのか。そうやって未来を考えることこそ、まさに思考力でしょう。その意思こそが会社を変える。会社の未来を変えていくんです。

メルセデス・ベンツ日本株式会社

1886年に世界で初めて自動車を作ったダイムラー社の乗用車・商用車ブランドがメルセデス・ベンツ。2014年度の同事業売上高は10.7兆円。1986年に設立された日本法人は国内で乗用車の輸入、販売を手がける。過去にない斬新な広告展開、ショールーム開設などで、2013年より国内のメルセデス・ベンツ車の年間新規登録台数記録を連続更新、2年連続で国産車を含むプレミアムブランドNo.1を達成。2015年は輸入車販売台数第1位に。日本法人の2014年度売上高は3435億円、従業員数は約500人。

熊谷昭彦

Akihiko Kumagai

日本GE株式会社
代表取締役社長兼CEO

GE Japan

Profile

1956年、兵庫県生まれ。79年、カリフォルニア大学ロサンゼルス校経済学部卒業。三井物産入社。84年、ゼネラル・エレクトリック・カンパニー（GE）入社。2001年1月、日本ジーイープラスチックス社長、同年12月、GE東芝シリコーン社長兼CEO。06年、GEコンシューマー・ファイナンス社長兼CEO、GEコーポレート・オフィサー（本社役員。現任）。07年、GE横河メディカルシステム（現GEヘルスケア・ジャパン）社長兼CEO、09年、GEヘルスケア・アジアパシフィックのプレジデント兼CEO。11年、GEヘルスケア・ジャパン会長。13年12月より日本GE社長兼CEO。

思考するときに気をつけるのは ポジティブであることと、 強みを活かすことです

初めて社長になったのは、日本ジーイー（GE）プラスチックスという会社です。就任早々、部下から次々と意思決定を求められました。

「社長、本件はこれとこれと……選択肢は複数あるのですが、どうしましょうか」

でも、やっぱり最初は分からないわけです。考えれば考えるほど、時間ばかり経ってしまう。実際、対応が遅れてしまう失敗もありました。

ただ、そういう経験を繰り返すうちに、分かってくるんですよ。なるほど、自分がうまい結果を残せた意思決定には共通項があるな、と。

案件によってマイルストーンや要件もありましたが、振り返って考えてみると、意思決定で重視した判断基準はシンプルに二つでした。「ポジティブシンキングである」ことと、「強みを活かす」ということ。うまくいったときほど、強くそこにこだわっていた。

だから今も思考するうえで大事にしているのは、ひとつはポジティブ思考です。追い詰められた中でも、前向きに考えられるか。厳しい状況に立たされたとき悲観的になってし

まう人は、やっぱりプレッシャーに負けてしまいます。

もうひとつが、強みを活かすこと。常に自分の、自分たちのビジネスの、さらには日本の強みを活かす。どんな勝負も、自分の強みを活かせる土俵に持ち込まないといけない。弱みを気にしていたら負けてしまうから。実際、負けた経験があるから言えることです。

組織でも個人でも、ポジティブで自分の強みが分かっていて、それに対して自信と情熱を持っていれば、どんな環境にあっても光るものです。海外にいても日本にいても同じように、自然と輝きを放つことができるし、それに周りが気づきます。

この二つをはっきり持てていない人は、自分自身にいろいろアイデアはあっても、今ひとつまとまっていないとか、ネガティブになって自信が持てないことが多く、光らない。

それでも日本の仲間内であれば、なんとなく彼はこういうところがいいよね、と周りが分かってくれます。ところが、グローバルな場では本人はいっそう萎縮してしまうし、周囲も察してあげたりしないから、持ち味は理解されないままです。

どんな場に出ても、自分の強みをしっかり出せて、ポジティブに自信を持って、堂々とできる人間。それが、いわゆるグローバルタレントだと私は思っています。常に光っていなくてもいい。時に自分の得意技をもとにパッと光る。そういうものがあれば、どの国のどんな場に出かけても必ず認められます。そういう人に、周りは気づくものです。

ＧＥは全世界に三〇万人以上の従業員数を有し、世界約一七五カ国・地域で事業を展開している。発明王トーマス・エジソンが一八七八年に創設、一八九二年に設立したアメリカを代表するグローバル企業である。二〇一四年度の連結売上高は約一七・八兆円、当期利益は約一・八兆円。一二〇年間にわたって「ダウ平均」に名を連ねる唯一の会社としても知られる。熊谷昭彦氏は、三井物産を経て一九八四年に入社。二〇一三年から日本ＧＥの社長を務めている。

父が商社マンだったので、幼い頃から日本と海外を行ったり来たりしていました。高校二年のときヨーロッパから戻って来たのですが、日本の大学受験には準備が間に合わなかった。それで、アメリカの大学に入ったのです。ただ、海外暮らしが長かったので、日本のこともきちんと経験したくて就職先は日本で選びました。

子どもながらに親の仕事を見ていましたから、商社という選択は自然な流れでした。さまざまな場所で育った経験も活かせると思いましたしね。

三井物産では最初、化学品を扱う部門に配属されました。当時は自分から配属希望を出す仕組みなどありませんから、会社の決定に従うまま。在職していた五年間は、合成繊維の原料や無機化学品などの国内営業のほか、輸出入もやりました。

初任地は大阪でした。独身寮に入って、先輩たちから上下関係のあり方や礼儀、酒の飲み方など、社会人の基礎を鍛えてもらったのはとてもいい経験でしたね。もちろん会社にも新入社員のための教育制度が整備されていて、これまたビジネスの基礎をしっかり学ぶことができた。振り返ってみると、とてもありがたいことでした。

GEに転職するきっかけは、三井物産にいた最後の一年間、GEの製品を輸入して日本のお客さまに売る仕事をしていたことでした。今はGEも手放しましたが、いわゆる人造ダイヤ、工業用ダイヤモンドの事業です。アスファルトや墓石などの硬いものを切ったり削ったり磨いたりできる。GEが発明し、その総輸入代理店が三井物産でした。

事業はどんどん伸びていたので、GEが日本でも人員を増強しようというときに、声をかけてくれたんです。このビジネスをよく分かっているし、どうせなら輸入代理店ではなく製造側でやらないか、と。誘われたとき、ほとんどその場で「行きます」と言っていました。

新しいチャレンジには
とにかくまずトライしてみる、
という気持ちを持ち続ける

仕事のキャリアをどのように積んでいくか、なんて、若い時分はまったく考えていませ

んでした。毎日が充実して楽しめればいいな、と思っていただけ。

後に、当時のジャック・ウェルチCEOが日本でよく知られるようになってGEの知名度も上がっていきますが、当時はGEの知名度も低かった。ですから、三井物産を辞めることに不安がなかったわけではありません。でも、それまでの仕事を通じて、GEという会社の魅力を自分なりに感じていたんだと思います。面白そうな会社だな、と。

もうひとつは、せっかく海外で育つ機会に恵まれてアメリカの大学も出たのだし、自分の力をもっと発揮できる場になるかもしれない、という期待があったことです。

実は、父も三井物産に勤めていたんです。息子が辞めてしまうことに対して、周りからはいろいろ言われたでしょうが、多くは語りませんでした。お前が決めたのだから仕方がない、と言ってくれました。

アメリカの大きな会社で、技術力も高く、さまざまなものをグローバルに手広く展開している。GEにはそんなイメージを持っていましたが、入社して驚いたのは、GEの違う面を見たこと。それは、結果を出せば本当にきちんと評価をしてくれるという、突き抜けたフェアさでした。

工業用ダイヤモンドの部門では商社時代の延長に近い仕事からスタートしたが、成果をあげるにつれ、ポジションはどんどん上がっていった。西日本担当から、日本全体を見る立場に。さらには、アジアのマーケティング全体を見るようになる。そして入社から一〇年目の一九九四年、GEのプラスチック部門だったGEプラスチックスに異動する。

GEに入って以降も、キャリアプランのようなものはまったく考えていませんでした。毎日の仕事が面白かったし、一生懸命やれば結果が出た。評価もしてもらえた。この繰返しが楽しかったので、どちらかというと日々の仕事を充実させて楽しむことに専念していたような気がします。

先輩や上司から、次は何をやりたいか、次の次は何をやりたいか、というぐらいの近い将来は考えておくものだ、と言われることもありましたよ。それで、一生懸命考えたこともありましたが、あまり思いつかなくて（笑）。それより今、楽しいことを徹底してやったほうがいいだろうと。ポジションも求めようとは思いませんでしたね。

実は、工業用ダイヤモンドからプラスチック部門に移る話をもらったとき、最初は断ったのです。取り組んでいたプロジェクトがあって、それを道半ばで放り出せないからと、私にしてみれば会社のためを思って断ったわけです。ただ、翌年も同じ人から誘ってもらって、また断りまして。そのときは、私の後継者を育てないといけない時期で、もう少し時間がかかるんです、と言いました。

幸運だったのは、その翌年にもう一度誘ってもらったことです。後になって人事部長が教えてくれました。お前は本当にラッキーだ。二度も断ったら、こいつはもうやる気なし、と思われても仕方がなかった、と。

そもそも、部門を変わるのに、ビジネスフロー上で最良のタイミングなんてあり得ないんですよね。どんな時期でも、なにがしかのプロジェクトや人材育成の途中なのは当たり前だから。影響の出る事柄に何も関わっていないとしたら、そのほうが問題です。だから、先方もそんなことは分かっていて、誘ってくれている。これまでの成果を認めて新たなチャレンジの機会を与えようと、今までの上司と誘う側の上司が思うからこそ声をかけてくれたのに、それを断るものじゃないなと反省しました。

だから、若い人には「新しいことにチャレンジするチャンスが来たら、とにかくまずトライしてみる気持ちを持ち続けなさい」と言っています。自分でも肝に銘じていて、それ以降、上司の誘いは断りませんでした。

アメリカ人になろうとせず、日本人として開き直った。そうしたら、うまくいき始めた

プラスチック部門に移って、ひとつ忘れられない経験をしました。みずから希望して、

アメリカで二年間仕事をしたんです。単なる研修や、日本の顧客企業をケアする、といった日本人向けに準備された仕事ではなく、通常のアメリカ人社員と同じような仕事をさせてほしいと言いました。

これも希望を言い続けていたら、あるとき「ポジションが空いたからやってみるか」と連絡が来て実現したんです。こういうところがGEのいいところですよね。

ただ、自分でお願いしておきながら、今度は不安になってきまして。行きの飛行機では「やった！ ついに念願が叶って、アメリカで働けるぞ」とワクワクする一方、部下もお客さまも全員アメリカ人という環境に、一人で行って本当に大丈夫なのか、と不安に思い始めたんです。そして、そのまま着任したんですね。

北東地域のセールスのゼネラルマネージャーのようなポジションでした。部下は二〇人ほど。初日から、挨拶も含めてガチガチに緊張していました。なめられてはいけない、不安も悟られてはいけない……と、不自然なほど汗もいっぱい出てきました。やっぱりこんな状態だと、うまくはいかないわけです。部下との関係も作れなかった。

当時は原材料費の高騰から、値上げをしなければいけない時期でした。あるとき、交渉がうまくいかないお客さまがいるので一緒に来てほしい、と部下に頼まれました。日本でも営業をやっていましたので、よし行くよ、と二つ返事で同行しました。ところが、相手側の購買担当の態度が、日本とはまったく違うんです。最初から喧嘩腰の英語でまくした

時代が変われば、マーケットも変わる。
競争相手も変わる。
自分たちも、昔と同じままでは勝てないんです

てくる。

それこそ、挨拶が終わるやいなや立ち上がり、顔を真っ赤にして机を叩きながら怒鳴りちらされるわけです。ふざけんじゃない、GEがなんぼのもんだ、うちは一切値上げなんて認めない……。ワーッとまくしたてられてしまって。これがアメリカのスタイルなのか、と驚く一方、部下の手前もあるし負けちゃいけない、と思いました。私も立ち上がって、一生懸命言い返したんです。

でも、しょせんはかないません。そんなことは日本でもやったことがなかったし、なんといっても英語です。最後はボロボロで、白旗を掲げて帰りました。部下はさぞやガッカリしたと思います。せっかく上司を連れていったのに、関係が余計こじれた、と（笑）。

似たような経験が他にもいくつかありました。部下との信頼関係も作れず、お客さまともうまくいかないという状況が数カ月続いたのです。これはまずい、と悩み続ける中で、ある日、もうやり方を変えよう、と開き直ることにしました。何をしたのかというと、日本流に戻したんです。日本的営業に徹してしまおう、と。

ちょうどまた、同じお客さまとの価格交渉がありました。相手はガンガン攻めてきますが、私は「おっしゃる通りです」とずっと聞いていました。静かに聞いていると、相手は話し疲れてきました。すると、座ってウーンとため息をつかれた。それから、私は丁寧に話し始めました。おっしゃることは、ごもっともです。ただ、値上げには理由があります……。すると最後は、「分かったよ、じゃあ半分だけだぞ」と言ってもらえて。なんと、値上げを呑んでもらえたのです。これはうれしかったですね。一番びっくりしていたのは、同席したアメリカ人の部下です。なんであれで通じたのか、とポカンとしていました。

その後は日本流を貫いたら、次々とうまくいくようになりました。このときに思ったんです。自分は日本人なんだ。自分のやり方でしか、自分にはできない。それに徹していい。アメリカにいるからといって、アメリカ人になろうなんて思っても不可能だし、かえって不自然になる。それよりも、自然体で自分の持ち味を活かしてやったほうが、結果的にはうまくいくんだ、と。このことを、身をもって体験したんですね。

そして、改めてGEのありがたさに気づきました。日本だろうが、どこで雇われようが、チャンスは平等です。これが本来のグローバルカンパニーのあるべき姿だと思いました。本社採用や現地採用という概念は本当にない。GE社員なら、みんな同じ。その精神が貫かれていたおかげで、こんな経験ができたんです。

当時のGEのプラスチック部門は花形だった。熊谷氏は異動して六年後の二〇〇一年一月、日本GEプラスチックスの社長に抜擢される。日本人として初めてのことだった。同年一二月には、GEと東芝とのジョイントベンチャーであるGE東芝シリコーンの社長に。五年にわたって、GEにおけるアジア全域のシリコーン事業を統括することになる。

日本GEプラスチックスの社長になったときは、周りの仲間が喜んでくれましてね。とうとう日本の仲間からトップが出た、みんなで頑張ろう、と。ところが、社長になった私がグローバルの上司から命じられた最初のミッションは、人員削減を伴う構造改革でした。日本の産業が空洞化し、お客さまは次々と中国に製造拠点を移していました。市場が縮小している以上、会社組織も小さくするしかなかったのです。

みんなを集めて、「いや実は……」と話をしたら、もう大ブーイングですよ。何だよ、せっかく期待したのに、と言われて。みんなを裏切ったような気もして、辛かった。でも、分かってもらうしかない。私は粘り強く話をしようと決めました。

一カ月ほどすると、アメリカにいる上司から電話がかかってきて、何をもたもたしている、早くやれ、と急《せ》かされました。私はちょっと勇気を出して反論しました。日本で組織のモチベーションを下げずに人員削減をするには、スタッフ全員に納得してもらう必要がある。やり方を間違えると会社全体がダメになる。最初の段階が肝心なので、時間が欲しい……。上司はおそらく半信半疑だったと思います。でも、待ってくれた。

その後、徹底的に話し合いを進めました。話し合えば、もともとみんな仲間ですから分かってくれます。しょうがない、やりましょう、と納得してくれました。一旦そんなふうに決まると、日本人の実行能力というのはすごいですから。これは世界一だと思います。

結果的に、理想的な状況が作れました。すべてが終わり、またアメリカの上司から電話がかかってきました。なるほど、君の言った通り、最初に時間をかけたことが正解だったんだな、と。このときの電話は本当にうれしくて、今もはっきりと覚えています。

最後に決断するのは自分。でもその前に、みんなで考えて意見を聞く。これが、思考のベースになる

GE東芝シリコーンでも、最初の仕事はまたリストラでした。でも、そのまま縮小するのでは面白くない。打って出よう、とみんなで話をして、選択と集中に踏み切りました。日本の強みは何か。日本で勝てるとしたら何か。最終的に、超最先端のエレクトロニクス分野に特化しました。会社にとって苦渋の決断でしたが、得意分野に特化しないと、会社は伸びないし生き残れない。

実際、徹底的に集中すると、結果が出ました。デジタル化の追い風もあって、一気に需要が拡大しました。超最先端分野はコモディティほど販売量は多くありませんが、付加価値があって単価が高いぶん収益性も高まります。管掌していたアジア全体のシリコーン事業のうち、中国をはじめとした成長エリアもあれば、日本のような成熟エリアもあって、

地域ごとに役割があるんです。グローバル本部のCEOもそれを理解してくれていて、売上成長は中国が高いけど、利益成長しているのは日本だな、と言ってもらえた。
それも、私だけの成果ではありません。みんなで考えた結果ですから。最終的に決断を下すのは私で、責任を取るのも私ですが、そこに至るまでのプロセスは、みんなで考えて、みんなの意見を聞く、というのが私流です。だから、チームのみんなに話して、みんなで喜びました。みんなで取り組んで評価されたということが、私も何よりうれしかった。

二〇〇六年、熊谷氏はGEコンシューマー・ファイナンスの社長に就任するとともに、GE本社のコーポレート・オフィサー（本社役員）になる。翌年にはGE横河メディカルシステム（現GEヘルスケア・ジャパン）のトップとなり、二〇一三年一二月、日本GE社長に就任した。

シリコーン事業からファイナンス事業へとまったく異分野に移りましたが、社長業は専門職です。最初は製品知識や業界知識が少なくても問題ありません。人をリードし、ビジネスをリードするという意味でやることは同じだからです。みんなで考えて方向性を決めて一気にやる。日本市場の強みや特徴をみんなで分かち合いながら、苦しい中でも何か日本の強みを作り、モチベーションにする。

日本のヘルスケア事業のトップになったときも同様です。ビジネスはとても厳しい環境にありました。多くの病院でＣＴの買い換え時期だったのですが、小さくて高性能なＣＴが欲しいという日本の病院のニーズに対し、ＧＥには大型品しかなく売れていませんでした。日本の現場は、小型のＣＴがあれば絶対売れる、何が何でも開発して売りたい、と訴えていました。しかし、ヘルスケア部門のグローバル本部ではＣＴは大きくて当たり前という発想だったので、取り合ってもらえませんでした。

そこで私が決断したのは、日本の他の予算を少しずつ削って、小型ＣＴの開発予算を捻出することです。グローバル本部も、自分たちの予算内なら、と了承してくれました。そうやって開発した小型ＣＴが、日本で飛ぶように売れたんです。翌年はヨーロッパで、その翌年にはアメリカでも売れた。なんと今や、ＧＥのＣＴでは世界で最も売れています。この成功は日本のスタッフにとって、うれしかったですよ。自信になったし、新しいモチベーションにつながった。続いて、ＭＲＩのチームが同じような取り組みを始めました。

改めて思ったのは、人の話をよく聞くことが何より大切だ、ということです。もともと話を聞くのは好きですが、とにかくできるだけ周囲の意見を共有してみんなで考え、最後は自分で決断する。これが、やっぱり私の思考のベースなんだな、と。

さまざまなスタイルがあっていいと思いますが、たとえば、縁のなかった組織に落下傘でポンとリーダーとして入っていって、「オレのやり方はこうだ。明日からこう変えるぞ」と高らかに宣言する、というやり方だと、私の場合はうまくいかないんです。

今は問題をいろいろ抱えるビジネスだとしても、それまでの背景や歴史、みんながいかに頑張ってきたか、といった話をきちんと聞いて、それはそれでリスペクトを示す。そのうえで、いかに変革していくべきか、と考えていきます。

だから、時間は多少かかりますが、実際には、そうしたステップを踏まないと人は動かないと思っています。リーダーシップとは、人の心を動かすことです。命令や腕ずくでも、人の体は動くかもしれないけれど、心まで動かすことはできない。みんなの心を動かして本気で取り組んでもらうには、まず信頼関係を作らないといけない。そのためには、相手をリスペクトして話を聞くことが大事です。

とにかくオレについてこい、というトップダウンのリーダーシップもたしかにある。特に昔は、そういう人が多かったのも事実でしょう。でも、今の若い人たちは、腕力ではついてきてくれません。

時代の変化に応じて、GEのリーダーシップ研修の内容もずいぶん変わりました。講師の話を一方的に聞くというものより、本人に気づかせる環境づくりをするトレーニングが増えています。よりコンセンサス型になったし、チーム重視になったというのかな。プログラムの多くは、部下がみずから気づき、腹落ちするよう導くものが多い。質問したり話をしながら部下に気づかせていくコーチングは、リーダーの大きな役割になっています。

時代が変われば、マーケットも変わります。競争相手も変わる。自分たちも、昔と同じままでは勝てないんです。だったら変わったほうがいい。変わるんだったら、最先端の変わり方をしよう――すべてにおいて、GEはそんなふうに考えますね。

事業構造も抜本的に変えてきました。かつて名門事業といわれたプラスチック部門も売却しました。決断したのは、同部門でみずからも育ったCEOのジェフ・イメルトでした。愛着がなかったはずはありません。どれだけ苦渋の決断だったか。それでも売却の決定を下したことに、感銘を受けました。新しいGEを作っていこうという思いが、どれほど強いか。それが伝わってくる意思決定だったからです。

自然体で自分を貫く。ただし、明日の自分は今日よりも成長していたい、という気持ちを持つ

好きな言葉のひとつは、「Be Yourself」です。もっと自然体でいい。自分の強みを理解して自信を持ち、こだわりややりたいことをきちんと持っている。そういう自分でありたい、という気持ちを大切にする。

外国人がたくさん出席する会議で、気負ってしまう日本人がいます。みんながどんどん

話すので自分も……と息巻いてしまう。でも、そんな必要はないんです。みんな言いたいことがあるから話しているだけで、言いたいことさえはっきりしていれば、その話題になったときだけ発言すればいい。自信を持って言えば、みんな聞いてくれます。あとは聞き流しておいても大丈夫です。大抵、大したこと言ってないですから（笑）。

無理をしない。他人の真似をしない。どこに行っても自分を貫く。相手によって態度を変えない。どこに行っても「Be Yourself」。ただし、ひとつだけ大事なことがある。それは、明日のyourselfは、今日よりも成長していたい、と思うことです。

私は仕事上のポジションを目指せ、とは特に言いません。私自身もそうではなかった。もちろんそういう人がいてもいいけれど、それよりもyourselfのステージそのものを上げていきたい、という気持ちを持つことが大事だと思うんです。今の自分に満足して、もうこれでいいや、と諦めた時点で、人生はとても寂しいものになると思う。

その意味でも、大きなフィールドに挑戦してほしいですね。日本人としてグローバルで大いに目立って活躍し、日本のプレゼンスを大いに上げてほしい。最近は、日本の未来については厳しい見通しであふれています。でも、まだやれることはたくさんあるはず。厳しい状況でも立ち向かって成果をあげていける――それを私たちは、ビジネスで実証してきています。

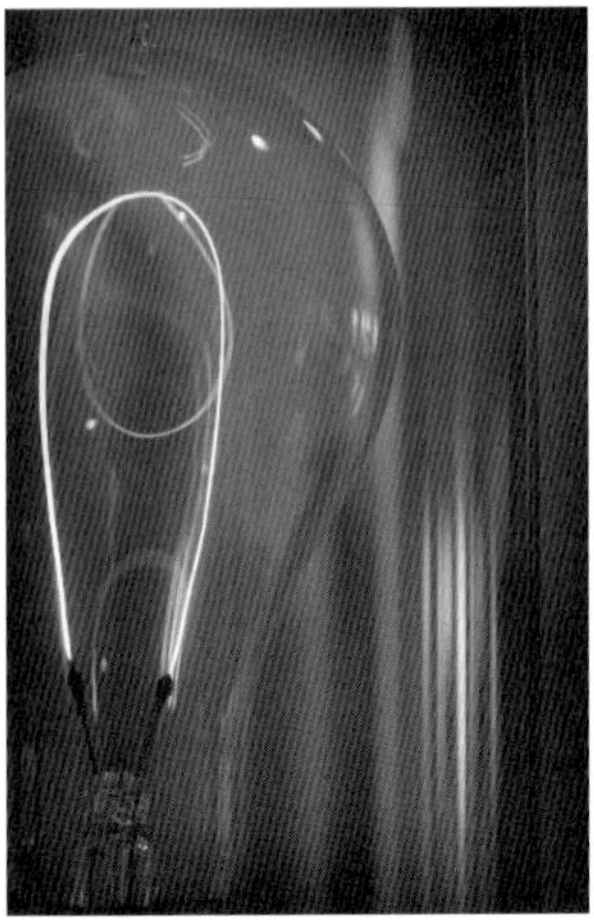

日本GE株式会社

GEは、1892年に発明王トーマス・エジソンが設立。120年の歴史を通じて、アメリカの名門企業であり続けてきた。2014年度連結売上高17.8兆円、当期利益1.8兆円、従業員数30万人超を擁する。現在は8つの事業部門を有し、製造業が約7割、金融業が約3割。CTやMRIといった画像診断機器などヘルスケア事業をはじめ、発電・水処理、油田やガス田の掘削機器などエネルギー事業、全世界で5割以上のシェアを持つ航空機エンジン事業などのほか、大型機関車事業、照明事業、さらには金融サービス事業を展開。日本法人の売上高は4747億円、従業員数は1500人(2014年末)。

高岡浩三

Kohzoh Takaoka

ネスレ日本株式会社
代表取締役社長兼CEO

Nestlé Japan

Profile

1960年、大阪府生まれ。83年、神戸大学経営学部卒業。ネスレ日本入社。各種ブランドマネージャー等を経て、2001年、ネスレコンフェクショナリーのマーケティング本部長に就任し「キットカット」受験生応援キャンペーンを成功させる。2005年、同社社長。10年、ネスレ日本副社長飲料事業本部長に就任し「ネスカフェ」のビジネスモデル提案・構築。同年、ネスレ日本社長兼CEO就任。著書に『ゲームのルールを変えろ』(ダイヤモンド社)、『ネスレの稼ぐ仕組み』(KADOKAWA/中経出版)他。

日本人ほど、本質的に物事を考えない人たちはいない。世界を見てきて、そう思うんです

小学校五年生のとき、父が四二歳でこの世を去りました。その影響もあって、おそらく人よりも早く、いろいろなことを考えるようになったのだと思います。ひょっとして自分も早死にするんじゃないか、会社で大きな仕事をする前に死んでしまうかもしれない、家族を残していくなら遺族年金がしっかりしていないと困るな……。

あまり人に言えることでもなかったけれど、若いうちからそういうことを本気で考え始めた。人と違う環境を与えられると、人と違う思考をするようになるんです。

就職先の選び方も独特だったと思います。大学時代に経営学を学んでマーケティングやブランディングに興味を持ったので、ブランドに関わる仕事ができれば面白いな、と。ただし、自分は父のように早く死ぬかもしれない。こんなふうに仮説を立てて、キャリアの可能性を探っていきました。出世に時間がかかる日本企業ではなく、実力次第で活躍の場が早く広がりそうな外資系という選択につながりました。私と同じような境遇にいれば、同じように考えた人もいるのではないでしょうか。

しかも、長男として母の面倒を見なければならないという意識もあった。地元の関西に本社があって、自社ブランドもマーケティングも強い外資系というと、二社しか浮かびませんでした。そして日本企業以上に手厚い年金制度があったのが、ネスレ日本です。

いろいろ考えてネスレに入るという選択をしたおかげで、私には考える癖がつきました。さらにネスレでは、日本を知らない本社の人間とコミュニケーションしなければならず、いっそう考えることが習慣になりました。もう嫌になるくらい「なぜ？」という質問を浴びせられるので、だったら先回りして言えるようにしよう、と思ったわけです。日本人だからなんとなく分かる、日本人だから意識せずにやっていることって、実はたくさんあります。ところが、そのことに気づいていない日本人が多い。

逆に、海外に出かけて意外な習慣があると知ったとき、どうしてそんな習慣があるのかと現地の人に尋ねてきちんと答えが返ってこなかったら、不思議に思うじゃないですか。どうしてなのか、いつも考えていれば答えられるはずなんです。

日本人が自分たち自身のことを理解できていないのは、生活環境や教育の影響が大きいのでしょう。経済が豊かだから生活は恵まれているし、勉強は思考力というより受験のための知識詰め込みが重視されていますよね。ネスレでさまざまな国の人を見てきましたが、日本人ほど本質的に物事を考えない人たちはいない。考えずに、生きてしまっています。

貧しい国に生まれた人たちは基本的に積極的だし、本当にいろいろなことを真剣に、本質的に考えている。日本でも戦後、大きな成功を遂げたオーナー経営者は、学歴に関係なく、とにかく本質はどこにあるのか、と常に考えて実行していたのではないでしょうか。この常に本質を考えるというのが、私の考える思考力の定義です。

世界一九七カ国で事業を展開。従業員数は約三四万人。二〇一四年度の連結売上高一〇兆六三〇〇億円という巨大企業グループ、ネスレ。日本法人は一九一三年の創業。家庭内コーヒー市場で圧倒的なシェアを持つ一方、チョコレートの「キットカット」や、コーヒーマシンを無料で使用し、手軽にコーヒーを楽しめるビジネスモデルが急成長中だ。その牽引役が、高岡浩三氏である。日本人初の生え抜きCEOは、その実力を見込まれた異例の抜擢だった。

スイスのネスレ本社に常駐する役員は、わずか十数人。加えて、世界トップ一五の市場の責任者も役員に名を連ねています。ネスレ日本の社長も、その一員です。

役員のポジションは、世界で五〇〇~六〇〇人しかいない「インターナショナル・スタッフ」だけに就任が許されています。インターナショナル・スタッフは、世界中の勤務地を転々としながらキャリアを積んでいきます。そこまで徹底して、グローバル人材をネスレは作ろうとしてきたんですね。

ところが、私はインターナショナル・スタッフではありませんでした。本来、日本の社長になる資格もなかった。社長就任を打診されたときには、本当に驚きました。もちろんルールはルールとしてある。でも、がんじがらめではないんです。一切例外を認めない、ということではない。真のグローバル企業というのは、こういう懐の広さがあるんですね。

どうして私が抜擢されたのか、聞いたことはありません。ただ、自慢できることがあるとすれば、私はこれまでのキャリアにおいて求められたコミットメントを達成できなかったことは一度もありません。

それにしても、みずからルールを破ってしまう。資格条件外の人材を日本のトップに据えてしまう。会社の成長のためには何が大切か、本質をしっかり見てくれる会社なんだと思います。

鍛えるべきは
課題解決力。
現場に答えはある

最初は、千葉県内の支店に配属されました。仕事はルート営業ですが、当初は商談すらさせてもらえませんでした。毎日、はたきなど七つ道具を鞄《かばん》に忍ばせ、車を運転してスー

パーを回り、陳列棚に並ぶコーヒーの瓶の上の埃をはたいて回っていました。地元近くへの配属じゃなくてよかったと思いましたね。恥ずかしかったから。

入社前に抱いていた仕事のイメージとのギャップは大きかったですよ。外資系という雰囲気はまるでないし、一日も早く本社でマーケティングの仕事がしたいと思っていました。でも、ここで叩き込まれたのです。現場こそがマーケティングの原点だ、ということを。

実際、スーパーでものを売るという仕事が、どんどん面白くなっていきました。今なら許されませんが、牧歌的だった当時は自発的に勤務時間外の土曜日に開催されるスーパーの朝市などを手伝いに行っていました。すると、目の前で商品が売れていく瞬間が見られます。営業でもそういう現場に立ち会える機会はそうありませんから、楽しかった。

幸いにも社内外でかわいがってもらい、業務のことも早く習得して、誰よりも売り上げていたと思います。そんなとき、上司に言われたんです。「ネスカフェ」なんて誰でも売れる、一番難しい商品を売ってナンボだ、と。

その仕事で一番難しい課題に取り組む。問題解決力を高めるには、あえて難題と向き合うことが大切だと私も考えました。これが、調味料の「マギーブイヨン」でした。

今でこそ知名度がありますが、当時はほとんど知られていなかった。しかも、ネスレ日本が扱う調味料はこの一品だけ。調味料売り場では相手にしてもらえません。苦肉の策が、コーヒーの棚に並べて置いてもらうことでした。でも、それぞれ使うシーンが違いますから、並べても売れるはずがない。

あるときスーパーで、他社のカレールウの特売をやっていました。山積み商品の横につり下げられた商品説明のリーフレットには、カレーの作り方が書いてあります。何気なく文字を追っていると、衝撃的な文字が目に飛び込んできました。「ブイヨンを二個入れてください」――。スーパーの担当者にお願いしてカレーの隣に置いてもらったところ、飛ぶように売れます。すぐに支店でも共有しました。新入社員の提案を了承くださったスーパーの担当者は翌年、本社の調味料のバイヤーに栄転されました。そのスーパーの全国版のチラシに「カレーにマギーブイヨン」というコピーが躍ると、売上高が急増、数千ケース単位で商品が動くようになったのです。

分かったのは、お客さまの問題を解決してあげれば買ってもらえるのだ、ということでした。これこそが、マーケティングの基本です。だから今もよく言うのですが、マーケティングはマーケティングの部署にいないとできないわけではない。むしろ、営業のほうがいい。若い頃に手に入れることができた、大きな成功体験でした。


三年後、高岡氏は本社に行くための「実技試験」をクリアする。突然の電話から一週間、営業ルートすべてのスーパーをネスレ商品の特売で埋め尽くす、というもの。取引先との信頼関係なしには突破できない試験だった。念願の本社でのマーケティング業務から三年

後、今度は英語習得のための海外勤務プログラムでアメリカへ。そして帰国後に待っていたのは、史上最年少での部長抜擢、新しいプロジェクトのリーダーになることだった。

アメリカでは、コーヒー事業のチームに配属されました。英語の習得だけでなく、自分の意見を主張する大切さを学んだ一年間でした。

帰国後は、日本で粉ミルク事業のプロジェクトを立ち上げました。実は、ネスレはもともと粉ミルク事業を主体としていた会社です。ヨーロッパで大きな成功を収めた一方、さまざまな経緯から日本、アメリカ、イギリスの三カ国では粉ミルクを製造・販売していませんでした。そこで、導入の機会をうかがっていたわけです。

まずはスイスで粉ミルク事業について学ぶようにと命じられ、徹底的にこの事業について叩き込まれることになりました。三週間の勉強量は尋常ではなかった。ネスレ日本で粉ミルク事業を知る人材は限られていたから、みっちり仕込まれたのです。

スイスでの成果を当時の日本の社長に報告すると、二九歳で事業化プロジェクトのリーダーに任命されます。それから二年間、検討を重ねました。しかし、さまざまな問題をクリアするのは難しかった。最終的に、日本ではやるべきではない、と結論を下しました。実績は何も作れなかったわけです。

プロジェクトは解散。やろうとしたことが、できなかったわけですから、会社から使えないヤツという烙印を押されてもおかしくないと思いました。

出自も思考スタイルも異なる人材をひとつのチームにまとめあげるには身近な具体例を挙げて説明する

粉ミルクプロジェクトの失敗には挫折を感じました。抜擢人事で役員を飛び越えた社長直轄のような立ち位置でしたから、周りの目も厳しかった。

とにかく後はない。結果を出すしかない、そう思いました。その後に命じられたのは、「キットカット」などの菓子を扱うネスレコンフェクショナリーという子会社への出向です。三九歳のときでした。同社の業績が低迷していたこともあり、周りには左遷と見られていたと思います。だから、私自身もそうなのかなぁと思っていましたが、とにかく行ってみてから考えよう、と気持ちを切り替えました。

与えられたミッションは大変なものでした。当時二〜三%だった利益率を、五年で一〇%に引き上げよ、と。ネスレ日本が手がける事業の中で最も儲からないと言われていた菓子事業の収益力を、なんと五倍にしないといけない。今だから言えますが、普通のことをやっていたのでは、できるはずがないと思いました。

思考力は、環境で変わります。
極限まで追い込まれたとき、人は考えるようになる。
ならば、自分で環境を作っていくことです

また、難しかった背景として、もともと「キットカット」のビジネスを日本で始めた不二家との合弁会社だったことがあります。出自も思考スタイルも異なる人材をひとつのチームにまとめあげ、新たな成果を出す難しさと醍醐味を知りました。利益率を上げた後は、ネスレ日本が吸収合併することになっていました。

役職はマーケティング本部長。だが、ここから高岡氏は本領を発揮する。時代の流れを読み取り、広告からPRへと戦略を大きくシフトさせるのだ。チョコレート業界を揺るがせた受験生応援キャンペーンで「キットカット」は大ブレイク。五年後の二〇〇五年には、ネスレコンフェクショナリーの社長に就任。一〇年間で売上高は三倍、利益は五倍に。そして、目標としていた二桁の利益率を本当に達成してしまうのである。

ネスレコンフェクショナリーでは、それまで年間三〇億円の広告費を使っていました。でも、これだけ投じても「キットカット」の売上高はほとんど伸びていなかった。そこで、広告をやめてしまったんです。テレビCMをやめて大丈夫なのか、という声もありました。でも、やめれば短期的に三〇億円の利益が入ってくるのも魅力でした。

問題はその代わりに何をやるか、です。ちょうど、みのもんたさんのお昼の番組で紹介された商品が、爆発的に売れるという現象が起きていました。テレビCMをやってもダメなのに、紹介されるだけで店頭から商品がなくなる。不思議に思いました。

でも、よくよく考えてみると、当たり前だと思ったんです。テレビの広告は作られたもの。いいことしか言わないから、実は信用されていないのではないか？　だから、利害関係のない第三者や有名人が「これ、いいですよ」と推薦してくれたほうが余程売れる。

今でこそソーシャルメディアがありますが、当時、おいしいラーメン屋をどうやって探していたか。口コミで誰かに教わるわけですよね。ラーメン屋の広告を見て行く人はいない。なるほど広告じゃないんだな、と思い、広告からＰＲにシフトするんです。反対がなかったわけではありませんが、分かりやすく具体的に周囲を説得しました。みのもんたさんやラーメン屋など、かみ砕いて説明すると誰も反論できないんですね。広告をやめたときも、そうやってみんなの納得を得ていきました。

「自分がひとつ上のポジションにいたらどうするか」
常に考えておけば
上司の問いに、いつでも答えられる

広告をやめて「キットカット」をどう売り込んでいくか。ここで出てきたアイデアが、受験生応援キャンペーンでした。

きっかけは、九州の支店長からマーケティング本部に届いた報告です。毎年一月と二月に「キットカット」がよく売れている、というのです。受験生を持つ親御さんが買っていた。理由は、「きっと勝つ」という方言「きっと勝っとぉ」が、「キットカット」に似ていたからです。話を聞いて、これだ！と思いました。

調べてみたら、似たような話が出てきました。お客さまの声が拾えていなかったんですね。ちょうど「Have a break, have a Kit Kat.」というスローガンにあるキットカット・ブレイクは、日本人にとって何だろうかと再定義に動いていた頃で、「ストレスからの解放」というキーワードも定まりました。

いざ具体的に動き始めようというとき、ひとつだけ厳命したことがあります。「『キットカット』できっと勝つ」などと、ネスレからは絶対にメッセージを発信しないこと。直接宣伝すれば商売であることがあからさまになるし、そもそもお客さまが発したメッセージなので自然に広まっていく仕掛けを考えていくことが大事だ、と。ただし、これが簡単ではなかった。

最初はホテルに宿泊する受験生向けのサンプリングから始めました。ホテルのスタッフから受験生に「キットカット」と「キット、サクラサクよ。」というメッセージ入りの桜のポストカードを手渡してもらい、「試験頑張ってね」と一言添えてもらうのです。

ホテルは旅館ほどホスピタリティを感じる機会が多くないでしょう。地方から出てきた受験生が、不安な夜を明かして試験に向かうとき、元気づけられるような一言をもらえたら、きっと記憶に残ると思いました。実は私自身も、大学受験のとき緊張してホテルでお昼のお弁当を受け取るのを忘れてしまった経験があったからです。

とはいえ、私たちはホテルの門外漢です。ホテルにすれば余計な作業が増えますから、歓迎されませんでした。数百のホテルに打診して、受け入れてくれたのはわずか二つだけ。

特に、落ち込んだりはしませんでした。常識を変えるというのは、簡単にはいきません。それこそ一〇人中一〇人賛成するアイデアって、まず成功しない。みんなが思いつくようなことをやってもダメです。

逆に、新しいことをゼロから始めるときは課題山積でなかなか前には進まないもの。でも、そういう挑戦のときこそ、人は成長できるのだと思います。

実際、実施してみると大成功でした。二つのホテルには、感謝の言葉にあふれた手紙がたくさん届くわけです。ホテルマンからも、お客さまにホスピタリティを提供できたという喜びの声をたくさんもらった。すると翌年には、三〇〇以上のホテルで実施してもらえることになりました。

ほかにも、受験生を応援したいという心意気を持った提携先を探し、先方を主役としてさまざまなキャンペーンを実施しました、「キットカット」のロゴをあしらった「きっとサクラサクよ!トレイン」を走らせたり、切手を貼ればそのまま郵送できる「キットメール」を作ったり。どれも、ネスレは前面には出ません。あくまで主役は、受験生を応援する人。この方針をすべてにおいて貫きました。

売上高は激増しました。改めて分かったのは、ブランドは広告ではなくニュースで作られる、ということです。誰かに話したくなるものを発信する。嘘や創作はたちどころに見破られます。事実をもとに人に伝えたくなるような付加価値をつけると、ニュースになる。

結果としてテレビや雑誌に取り上げられました。私自身も、さまざまな場で話す機会をいただきました。これらをすべて広告費換算したら、年間三〇億円どころか一カ月で二〇億円になるという。しかし、実際にかかったキャンペーン予算は年間数億円でした。

こういうマーケティングの形こそ、先進国が選択すべき新しいモデルだと思いました。

菓子事業を躍進させた実績は、ネスレで高く評価されることになる。ネスレコンフェクショナリーがネスレ日本に吸収されると、高岡氏はネスレ日本の副社長に就任。本流の「ネスカフェ」事業を担当する。新しい「ネスカフェ」のビジネスモデルの土台を構築し、それから一年経たないうちに社長に就任した。

ネスレコンフェクショナリー時代、ネスレ日本の社長だったクリス・ジョンソンから、あるとき食事に誘われました。それまで一〇年間、右肩下がりになっていた「ネスカフェ」のビジネスについて、高岡さんだったらどんな手を打つか、と相談を受けました。

私は、いつも自分が担当している部署以外の事業についても、よく考えていました。いつ頃からか忘れましたが、自分がひとつ上のポジションにいたらどう考えるか、とシミュレーションしていた。それが思考のトレーニングになっていたんだと思います。だから、どんなテーマについて上司に聞かれても、いつも答えが用意してあった。

そのとき私が伝えたのは、インスタントコーヒーはもう難しい、ということでした。端的に、コーヒーに対する人々の意識が変わったから。インスタントコーヒーよりもレギュラーコーヒーのほうがおいしいし本物だ、とみな感じている。どうしてそんなふうに人々が思うようになったのか。そんな経緯や要因を消費者みずからが考えたりしませんから、リサーチしても出てこないんです。それは、マーケターが思考力で解きほぐさないといけない。

私の答えはシンプルでした。プロフェッショナルが使っていないからです。カフェでも、レストランでも、インスタントコーヒーを出しているところはない。逆に言えば、プロフェッショナルが堂々と使える「ネスカフェ」を作れば、一気にイメージが変わるだろう、と考えました。

これが今の「ネスカフェ ドルチェ グスト」や「ネスカフェ ゴールドブレンド バリスタ」など、コーヒーマシンを使った家庭外の需要を創造する「ネスカフェ システム インサイド」という発想につながりました。そのためには、インスタントでない新しい「ネスカフェ」を作らなければいけない、と。

コーヒーの大敵は「酸化」です。コーヒー豆は挽いた瞬間から酸化が進み、時間とともに品質が劣化します。作り置きしたコーヒーも同じで、おいしさや香りはすぐ損なわれる。それなら、いつでも淹れたてを楽しめるコーヒーを作ればいい。これならレギュラーコーヒーに勝てる。その開発技術がネスレにはある、と思っていました。

では、新しく生まれ変わった「ネスカフェ」を、どう伝えていくか。これもシンプルに、プロフェッショナルに使ってもらえばいい、と考えました。しかも一番ハードルの高い、ミシュランの星のついたレストランのシェフに依頼したのです。

社内で散々言われましたよ、そんなの無理だ、と。でも、実現に向けたハードルの高さ云々より、お客さまに一番響くのは何か、を考えるべきです。実際に回ってみると、意外なことも分かりました。シェフは毎日状況が違う食材を一番良い状態、かつ同じ味で提供することに一番プライドを持っておられます。でも、レギュラーコーヒーは酸化しやすく、一定の味や香りでお出しするのが難しい。その点、「ネスカフェ　レギュラーソリュブルコーヒー」ならいつでも淹れたての味と香りが楽しめる、と高く評価してもらえて、導入が次々に進みました。

また、職場を中心に「ネスカフェ」のコーヒーマシンを無料で使用できるサービス「ネ

スカフェ アンバサダー」が爆発的に伸びています。これもきっかけはシンプルで、社長室で私が使っていて、みんなもオフィスで使ったら便利だろうな、と感じたから。オフィスから出かける手間や、何百円もかけずに、淹れたてのおいしいコーヒーを安価に手軽に飲めるソリューションを提供できると分かったからです。しかも、実際に利用されてみて、職場でのコミュニケーションが活性化したという声もいただき、新たな価値も発見できました。

日本のホワイトカラーがやっているのはほとんど作業です。考える時間を増やすだけで思考力は高まる

私は、マーケティングは経営そのものだと思っています。お客さまとお客さまが抱えている問題を特定し、その問題のソリューションを作ることがマーケティングです。

このときお客さまというと営業部門にとっては消費者ですが、間接部門にとっては社内の各セクションなんですね。社外でも社内でも、お客さまがいて、その人たちの課題を解決する。そのためには、すべての人がマーケティングをしないといけない。

これまでの経営は、マネジメントの時代でした。社員をいかにまじめに効率よく働かせ

るか、という観点からスタートした。だから、マネジメントという言葉が経営になった。でも二一世紀の、ましてや先進国において、時代は様変わりしています。マーケティングが、マネジメントに代わらないといけない。

それこそ、求められているのは思考ですよ。ところが、ホワイトカラーは実は考える仕事をしていない。やっているのは、ほとんど作業です。プレゼンのためのスライドを作るのも作業だから、ネスレ日本では三枚以上のスライドは禁止しているほどです。私に言わせれば、一分間あればかなりのことを考えられる。

だから、考える時間を増やすだけで、思考力は雪だるま式に高まっていくし、引き出しも多くなると私は思っています。思考力はトレーニングを受けて高まるものではない。自分で考えていくしかないんです。

私にとってひとつ大きかったのは、コミットメントかもしれません。これは外資系に共通していますが、この数字を達成する、というコミットメントを宣言します。負けたくなかった。なんとしてでも、やり抜きたかった。そうすると、考えるんですよ。考え抜く。

思考力は、環境で変わるんです。極限まで追い込まれたとき、人は考えるようになる。ならば、自分で環境を作っていくことです。環境が変われば、思考は必ず変わります。

ネスレ日本株式会社

1866年に設立され、2014年度連結売上高10兆6300億円、約34万人の従業員を擁する世界最大の食品・飲料企業がネスレ。日本法人は1913年、「ネスレ・アングロ・スイス煉乳会社」が横浜に日本支店を開設したことに始まる。神戸に拠点を移してから業績を伸ばし、ネスレ日本はネスレグループの中で売上高がトップ15に名を連ねるまでに成長した。「ネスカフェ」をはじめ、飲料、食料品、菓子、ペットフードなどを製造・販売。従業員数は約2500人。

留目真伸

Masanobu Todome

レノボ・グループ
代表取締役社長

Lenovo Group

Profile

1971年、東京都生まれ。94年、早稲田大学政治経済学部卒業。トーメン(現・豊田通商)入社。99年、戦略コンサルティング会社モニターグループ(現デロイト トーマツ)入社。2002年、デル・コンピュータ(現デル)入社。日系製造小売業を経て、2006年、レノボ・ジャパン入社。常務執行役員。11年よりNECパーソナルコンピュータ取締役を兼任。12年、レノボ・グループ米国本社の戦略担当部門エグゼクティブ・ディレクター。13年、レノボ・ジャパン執行役員専務。15年より日本のレノボ・グループ社長。

ロジカルシンキングでは本質から外れて間違った解を導き出す場合がある

思考力というとロジカルシンキングを思い浮かべる人がいますが、そこは十分に注意が必要です。論理的に追求していくことで、間違った答えが出ることがあるから。本質から外れて、まったく違う解を導き出してしまうことがあるんです。

例を挙げてみましょう。

たとえば日本のパソコン（ＰＣ。パーソナルコンピュータ）業界について、成長は終わったとか、もはやハードウェアは儲からない、といった声が聞こえてきますよね。これこそ、典型的なロジカルシンキングの限界だと思います。私から言わせてもらうと、全部、間違っている。ロジカルシンキングはある前提に従っているから、ＰＣと聞いて、勝手に特定のＰＣ業界を定義してしまっているわけですね。でも、本質はそんなところにはない。

我々レノボがやっているのは、パーソナルコンピューティングを普及させる仕事です。事業の本質は、そこにある。パーソナルコンピューティングの会社であって、パソコンの会社ではありません。

グローバル規模で、人類にはさらなるコンピューティングパワーが必要だ、という説に異論がある人はいないでしょう。でも、まだまだ私たちの生活の中にコンピューティングは根ざしていない。本来なら、こうして対話している間も、話題にのぼったキーワードや情報を察知したコンピュータがリアルタイムで調べて、言葉の意味や、同じようなコメントを誰々さんも言っていましたよ、などと私たちに示してくれるような仕組みがあってもいい。会話の中で、お互いの理解を深めたり、コミュニケーションを発展させていくために、コンピューティングパワーはもっと貢献できるわけです。

コンピューティングパワーにサポートされるというのは、そういう状態を指すのではないでしょうか。二四時間、常に人の行動がコンピューティングパワーにサポートされていたら、人間はもっと想像力を高めたり、生活を充実させることができる。消費生活も仕事の質や効率も、もっと向上する。

だから、PC業界というのは、まだまだ成長の余地が大きく、発展性があると思っています。やらなければいけないことがたくさんある。こうした方向性は、前提を間違えたロジカルシンキングでは導き出せません。

一九八四年に創業したレノボは今や世界最大のPCメーカーである。アメリカのノースカロライナ州に本社を置く（登記は香港）**。二〇〇五年にIBMのPC部門を買収した後、**

二〇一一年にはNECのパソコン事業と事業統合を実施した。二〇一五年から日本でレノボ・グループを率いているのが、留目真伸氏だ。日本の総合商社トーメンからキャリアをスタートさせ、戦略コンサルティング会社モニターに転じた。

大学生のときまで、正直あまり勉強していませんでした。高校も付属校で、大学受験もしていない。大学の授業もほとんど行かず、ゼミにも入らず、単位だけ取って卒業した。そんな学生だったんですね。ただ、仕事についてイメージは持っていて、なにか大きな仕事がしたかった。グローバルで、大きなものを作る。そこで浮かんだのが、商社でした。無事にトーメンに拾ってもらい、〝大きな仕事〟という希望通り、発電所を造ったり大きなプラントを造ったりする部門に配属されました。

商社時代はハードワークでしたね。朝は早く、夜も遅かった。会社の寮が遠かったのですが、それでも早朝に会社近くのジムが開く前から並んで入り、ランニングマシンで一汗かいてから朝一番で会社に行く、みたいな生活をしていました。

思い描いていたような大きな仕事もさせてもらえました。海外に発電所のプラントを造るプロジェクトに携わり、二年間の韓国駐在も経験しました。面白かった。契約書の作成やネゴシエーションについても学びました。

ただ、振り返ってみて、商社の仕事で一番良かったのは、日本企業の何たるかが分かったことです。日本企業という枠組みの中で、日本人の社員のものの考え方や行動の仕方など、日々の生活を含めて理解することができた。

私は今、グローバル企業で仕事をしていますが、やっぱり自分は日本のアイデンティティを強く持った日本人です。このアイデンティティは、実はグローバルのチームの中ではユニークさであり、強みになるんですね。なぜなら、グローバルチームは、基本的に多様性を求めて作られるものだから。

日本人のアイデンティティを持ち、日本企業のものの考え方が分かって、日本の組織もある程度しっかり動かせる。日本のお客さまやパートナー企業についても理解できる。どう接すればコラボレーションができ、ウイン‐ウインの関係になれるかということについて、他の国の人よりは当然よく分かっているわけです。これはすなわち、自分の強みになる。むしろグローバル企業だからこそ、強みになるんです。

悠長に分析する時間はないし、戦略通り実行できるとは限らない。事業の現場というものを知る

転職のきっかけは韓国駐在でした。発電所は人口が少ない海辺に造られます。駐在中は

プロジェクトがうまく進行していれば、日本のオフィスにいるときほど忙しくはありません。近くに飲み屋など遊びに出かけるところもないし、空いた時間を持て余していました。

そこで、日本からたくさん本を取り寄せて、せっせと読んだんですね。あんなに本を読んで勉強したのは、人生で初めてだと思います。それで、世の中にはいろいろな仕事や考え方があるんだ、と改めて気づかされました。MBAを知ったのも、ロジカルシンキングについて勉強したのもこのときです。

私は大きな仕事がしたいと漠然と思っていたわけですが、大きな仕事というのは必ずしも規模が大きなプロジェクトというわけではない、と考えるようになりました。世の中に影響を及ぼしていく、という意味の大きな仕事もあることを知ったからです。特に関心を持ったのが、経営であり、意思決定でした。これこそが自分の目指している大きな仕事なのではないか、と。いずれは経営者になりたい、大きな意思決定ができるようになりたい、と思うようになりました。

真っ先に興味を持ったのが、コンサルティング会社です。ちょっと頭でっかちになっていたのは否めませんが、その頃読んだ本の影響で、経営に携わるための思考力や問題解決力を高めるには、コンサルタントが近道だと感じたからです。

転職に際し、安定した日本企業を辞めることを家族は心配していましたが、当の私はリスクとも思っていませんでした。戦略コンサルティングができるようになれば、その先は自然に開けていくだろうと思っていたからです。

転職活動を始めて数社の内定を得ましたが、あえて選んだのは戦略ブティック・ファームのモニターグループ（現デロイト トーマツ）です。その道の大家であるハーバード大学のマイケル・ポーター教授が作った会社であることに魅力を感じたのと、小さな組織であれば幅広い業種が経験できると思ったからでした。

在籍は二年半でしたが、先輩コンサルタントからも刺激を受け、分析したり、論理的にものを考えたり、説得力のあるプレゼンテーションに試行錯誤したりで、たくさんの学びを得ました。本当に楽しかった。

ロジカルシンキングも理解したし、実地で学びながら関連する本もさらに読みました。コンサルティングのスキルを得て、大いに自信を持ち、ビジネスパーソンとして特別な存在になれたと思いました。ところが、その自信がこの後ガラガラと崩れていったんです。

目標は経営者だった。コンサルタントはアドバイスをする立場であり、提案が採用されないケースもあった。意思決定のサポートはするが意思決定はしていない。経営のスキルを身につけるには事業会社に行くしかない、と気づいた。そんなとき、日本市場で大きくシェアを伸ばしていたデル・コンピュータ（現デル）にぴったりのポジションがあった。

モニターで携わったプロジェクトの多くは、ポーターの影響もあって、マーケティング関連でした。そこで、転職先としてもマーケティングのポジションを探していると、当時大きく成長していたデル・コンピュータと出合ったのです。ちょうどマーケティングの組織をユーザー・セグメントごとに分けようとしていました。私はその中の一機能として、中小企業や一般消費者向けのマーケティングについて、マネージャーの立場で製品戦略を担当することになりました。三一歳のときです。

想像力で流れを読み、最適な手を打つ。ゲームに強いリーダーだけが継続して結果を残す

前職でマーケティングはかなり経験を積んできたつもりでしたから、感性も磨いたし分析もできると自信を持っていました。うぬぼれていたんですね。だから、デルがやっているマーケティング戦略の中身を見て、この程度なのか、と思ってしまった。

それで、入社間もないミーティングから、改革案についてガンガン発言しました。聞いてくれた人もいましたが、醒めた人たちもいた。お手並み拝見、といった空気でした。それで自分が考えていた戦略を実行していくわけですが、まったくうまくいきませんでした。

まずスピード感がなかった。分析に時間をかけていると、市場は刻々と変化してしまう。多少は見切り発車でも、手を打っていかないと後れを取ってしまう。また、思っていた戦略を実行に移す力が、当時の自分にはなかった。マーケティングはマーケティング部門だけでなく、営業、代理店、PRなど、関連する多くの人が動いてくれて初めて機能する。ところが、それが自分では連携して機能させられませんでした。デルは実行力の高い組織ですが、それでも現実の条件下では立てた戦略をそのまま実行できるとは限りません。

今思えば、事業会社というものが、まったく分かっていなかったんです。自分のチームすら、まともに動かせなかった。どんなに素晴らしい戦略を考えても、組織として実行できなかったら意味ありません。完璧に情報を集めて、分析の精度を上げて……なんて悠長なことは、事業の現場ではやっていられない場合もあるんだと痛感させられました。

コンサルタントとして提案していたのは、いったい何だったのか。ガツンと殴られたようなショックを受けましたね。私は、ロジカルシンキングや分析力が、ビジネススキルの頂点だと勘違いしていたんです。それさえできれば何でもできると思っていたのが、まったくそうではなかったと気づきました。そこからです、反省をもとに打ち手を変えていきました。共感できるチームにまとめながら、本当にシンプルな手を、スピード感を持って波状攻撃のように仕掛けていく。経営者になるための新たな旅が始まりました。

デルで学んだのは、実行できることを徹底して行う重要性でした。組織の実行能力を理

戦略やマーケティングの洗練、
分析の精緻さなどを論理的に追求しすぎると、
本質を見失いかねないんです

解し、同時に自分の能力も理解する。リーダーシップ、コミュニケーション能力、影響力を駆使して、チーム全体の力が仕事を作っていくんだ、と思い知らされました。

どうすれば結果を出せるか考えるプロセスで、他部署の立場も鑑みた複合的なものの見方も覚えていきました。最終決定権を持つ意思決定者とのコミュニケーションも増え、マーケティング担当者の立場ながら、他部門に関わるいろいろな相談に乗ったり、サポートもするようになっていきました。

四年半在籍して、最終的にはマーケティング統括を委ねられました。意思決定の経験もできたし、経営も間近で見ることができた。ロジカルシンキングや分析力、判断力もたしかに大事ですが、それだけが経営ではない、という思いをより強くしました。そもそも、すべてのデータなんて出揃わないし、完璧な分析なんてできるわけがない。打ち手が間違っているときもある。それでも継続的に結果が出せる人もいれば、出せない人もいるわけです。

何が違うのか。結果を分けるのは、端的にゲームに強いか、強くないか、だと思いました。経営者やリーダーは、全容を摑めないなりに想像力で世の中の流れを読んで、その都度、最適な手を打つ判断力が問われるんです。過去の経験や定石へのこだわりを捨て、そのときどきの因果関係を理解しつつ、データもない中で挑む。そういうゲームに強くなければいけません。

だから、そういう力を養うために自分が次に進むべきステップは、マーケティング関連ではなく、ゼネラルマネージャーや事業部門の責任者、売上高や利益に責任を持つ部門長のポジションを経験することだと考えました。

留目氏は三〇代半ばになっていた。折しも日系製造小売業が買収した会社の経営に携わるチャンスを得る。だが、経営の自由度の低さに気づいて半年ほどで退社。そこに、多くのデル出身者が加わっていたレノボから声がかかった。二〇〇六年、レノボ・ジャパンに入社し、同年IBMから買収したPC事業のターンアラウンドを実現した。そして留目氏が真価を発揮したのは、これほどうまくいった例はないと評された、二〇一一年から実施したNECのPC子会社の統合プロジェクトだった。

レノボという会社は、新しいグローバル企業を目指していました。スタート時からアジアやアメリカなど多様な文化をもつメンバーが集まっていたため、考え方はみな違うものだという共通理解が根底にあります。

IBMのPC事業を買収した後、レノボのCEOだったヤン・ヤンチンは一度、会長職に退いています。CEOにはデルでグローバル・オペレーションを担っていた人材を呼びこみました。それだけ、多様性を認めているんです。中国やアジアの考え方と、ヨーロッパ、アメリカの考え方はさまざまに異なる。でも、どれもいいところがある。その違いを内包している多様性が自分たちの強みだと認識している。ダイバーシティの意識が極めて強いんです。最初から新しいタイプのグローバル企業を目指そうとしていました。

私は戦略・営業部門等を統括する役員として入りました。PC事業はまだ、競合と比べて効率面で後れを取っていた。レノボ自体がまだグローバルでのオペレーションを確立できていなかったので、日本のビジネスでも機能が欠落していました。三年ほどは、厳しく辛い時期が続きました。

同時に、レノボという会社の潜在成長性の大きさに気づいて魅力も感じていました。ひとつは、「ThinkPad」の研究開発拠点に「大和研究所」という名称を継承させて横浜に移転し、日本のものづくりを再生しようとする取り組みに共感したんです。

もうひとつは、新しいグローバル企業というレノボのビジョンにも共鳴しました。さまざまなものの見方を、とても大事にする。たとえばデルのようなアメリカ企業だと、シンプルな論理に基づく商品やサービスでも、日本市場のエモーショナルな特性に合わないものがあります。ただ、日本市場の特異性、特に人の気持ちに関する特徴をアメリカ人には説明し切れないから、その商品・サービスが日本に合わない理由をきちんと説明できない。

もとよりアメリカ型は論理で押してきます。人間は論理的に考えて行動するものだから、という大前提に立っているわけです。でも、人間って論理的じゃないときもありますよね。

どうしてそうなんだ、と聞かれても、そういうものなんだ、としか説明できない。そこは、感じてもらうしかない。でも、ロジカルに証明はできない。ロジカルシンキングの限界です。考え方の違いを受け入れようとしない。

レノボは違っていて、各国の裁量に比較的任せます。そもそも国によって市場もお客さまの考え方も違う、という前提で捉えているからです。おかげで、非常に仕事がやりやすかった。もちろん合理的に結果が見える部分は、グローバルなレノボ型に統合・共通化して規模のメリットを追求すればいい。でも、ローカルの独自性は必ずあるから、必要なら残していい。グローバルとローカルのいいところを、高次元で融合しよう、というのがレノボの考え方なんです。グローバル企業としての、新しいコンセプトです。

だから、日本の大和でのものづくりや、日本人の考え方も大切にしてもらえた。各国のやり方を尊重することがレノボのビジネスを強くする、と考えています。

目の前の課題から離れて、メガトレンドや大きな仕組みをまず考える。本質とは何か、を追求してみる

ＮＥＣのＰＣ子会社を統合する際は、プロジェクトのリーダーに手を上げました。オペ

レーション面は分かっているつもりでしたし、戦略コンサルティングの経験も、M&Aの統合作業に携わった経験もありました。それで、自分がやるしかないと思ったのです。

IBMから買収したPC「ThinkPad」事業の統合で結果が出てきていたので、今回の事業統合もその延長線上にあると考えました。

やることは、前と同じです。レノボは、文化や考え方の違いがあるという前提で、今回もローカルとグローバルの高次元な統合を目指していました。ローカルとグローバルのうち、ローカルの複雑性が少し増したという認識でした。

一方、レノボのそうした姿勢を知らない当時のNEC側の部隊には、きちんと説明する必要がありました。NECはパソコンの王者だったプライドもありますから、NECが日本で持つローカルの独自性と、レノボにおけるグローバルに効率化されたオペレーションの究極の融合点を作るんだ、と丁寧に説明して理解してもらわなければならない。ブランドを残すのか、機能をどこまで統合するか。そうした統合作業をいつまでにやるのか。それらすべてをコーディネートするためにも、相互理解が前提となります。

そして、ここで何よりも活きたのは、日本企業で働いた経験です。日本人のアイデンティティや日本の会社の動き方を、少なくとも新卒で外資やコンサルティング会社に就職した人たちよりは知っていた。どんな気持ちで日本企業の人たちが働いているか、どんな新人時代を過ごし、どんな気持ちで今までやってきて目の前で話をしているのか、感じることができたわけですね。

ここでも大切なのは、論理ではなくて情理、エモーションです。それは外国人には説明し切れないし、証明もできない。でも、あるんですね、上司と部下の関係やチームワークにおける阿吽《あうん》の呼吸、暗黙知……。そんな日本特有のものは認めない、と言うのは簡単ですが、優位性が認められる部分もある。実際に、そういうものも含めて日本企業は動いているわけですから。頭ごなしにすべてを否定することはできません。

NECの人たちとは、よく飲みにも行きました。ミーティングのファシリテーションも委ねました。お互いの強みを合わせたらすごい会社になるという理想、考えている方向性は同じだと私は信じていました。レノボのグローバルのオペレーション効率は業界トップと評価されていた一方、NECの日本市場を理解したものづくりはピカイチだったのですから。その信念はブレなかった。だから、理解してもらえたし、信頼してもらえたんだと思います。

レノボもNECも、両方がやがてシェアを伸ばしていくことになる。統合は大成功だった。留目氏は、その後、アメリカ本社で全世界の事業統合を担当するエグゼクティブ・ディレクターとして赴任。レノボ・ジャパンでは専務に。そして二〇一五年四月、オーストラリア人から日本のトップを引き継ぎ、NECから買収した事業も含めてレノボ・グループとして率いることとなった。

経営者になって改めて思うのは、本質が大切だということです。そして本質というのはシンプルで、あまりブレないんですね。ある意味、ロジックは関係ないんです。パーソナルコンピューティングが大事だからまだまだ伸びる、世の中はこんなふうになっていく、といったメガトレンドを読むときも同じです。

だから、目の前の課題から離れて、大きなトレンドや大きな仕組みをまず考えてみることは、極めて大事だと思います。会社や業界の枠にとらわれず、発想してみる。今までの延長線上ではなく、そもそも本質って何だったんだっけ、ということを常に考えていく。そうすると、我々がやるべきは、今あるコンピュータの延長線上で深化させることだけじゃない、ということにも気づける。

歴史を振り返る、ということも大事だと思います。たとえば、ＩＢＭのＰＣ事業とＮＥＣのＰＣ事業は、もともと何を目指して、どのように生まれてきたのか。パーソナルコンピュータというものが必要だったからだとすれば、なぜその事業が成功したのか。そこには必ず理由があるわけです。

論理的に考えるときに危険なのは、世の中が完全なものだという前提に立ってしまうことでしょう。でも、実際には、あらゆるものは不完全です。完全なものだと考えすぎないほうがいい。

戦略やマーケティングの洗練、分析の精緻さといった論理を追求しすぎると、本質を見失いかねないと思います。ほとんどの会社も人間も、常に論理的なわけではないし、不完全なんですから。誰も完全競争なんかしていない。そういう集合の中に我々は存在するんだ、ということを忘れてはいけません。実際、消費者だって買い物に行って、必ずしも論理的に買う物を選んでいるわけではないですよね。複雑で精緻なマーケティングをし、論理的に結論づけされているものって、だから意外に間違いも多いんですよ。

そしてもうひとつ、経営者になって改めて思ったのは、実行できることを意思決定する、ということです。実行できないことをいくら考えても、意味がないですから。

仕事って楽しい、と思うところから
オーナーシップも
思考力も高めていける

ときどき学生と話をすると、「社会に出たら、どんなスキルが必要になるんでしょうか」と聞かれます。思考力ですか、マーケティング力ですか、ファイナンス力ですか……。みな勉強熱心ですし、いろいろ聞かれるんですが、私がお答えするのは「そんなことは考えなくていい」ということ。後で身につけられるからです。

それより学生時代に考えてほしいのは、何をやりたいのか、という点です。学生の間は、世の中の仕組みを学ぶ期間ですよね。世の中の成り立ちや課題を勉強すると思います。

それらを学びながら、社会にたくさんある課題のうち自分は何を解決したいのか、考えてほしい。それを、社会人になってから、自分なりの形で実行すればいいと思います。何をやりたいか、希望を思って社会に出てほしい。これは、すでに社会に出た若い人も同じだと思います。

やっぱり、やりたいことでないと、徹底した思考なんてできません。私はＩＴが好きですから今の仕事が楽しいし、これで世の中の課題のひとつが解決できるんじゃないかと思って、仕事に取り組んでいる。

ときどき、「プロ経営者は、どんな会社の経営もできる」と聞きますが、私はそれは違うと思っています。本気でこれをやりたい、と思っていない経営者に、社員はついてこないから。経営者自身も、ビジョンが作れないでしょう。

自分がやりたいことを大事にしてほしい。仕事って楽しい、と思うところから、オーナーシップも、イノベーティブに考える思考力も高めていけると私は思います。

レノボ・グループ

1984年中国で創業し、アメリカのノースカロライナ州モリスビル（登記は香港）に本社を置くパーソナルコンピュータメーカー。2005年にIBMのPC部門を買収。2011年にはNECのパソコン事業と統合。2014年、携帯電話端末のモトローラ・モビリティを買収。同年、出荷台数で世界最大のPCベンダーとなった。日本法人設立は2005年。ビジネス向け、コンシューマー向けPCのほか、タブレット、サーバーなどを展開する。2014年度の連結売上高5兆5600億円、同当期利益1370億円、従業員数は5万4000人（日本法人は約2000人）。

西村　豊

Yutaka Nishimura

リシュモン ジャパン株式会社

代表取締役社長 リージョナルCEO

Richemont Japan

※肩書きは2015年10月取材当時

Profile

1955年、東京都生まれ。79年、慶應義塾大学経済学部卒業。極東石油（現モービル石油精製部門）入社。87年、ゼネラル・エレクトリック（GE）テクニカルサービス（現GEインターナショナル・インク）入社。90年、横河メディカルシステム（現GEヘルスケア・ジャパン）へ。93年、同社取締役CFO。97年、GEメディカルシステムズ・アジア統括ビジネスディベロップメント担当役員。98年、GEキャピタルエジソン生命（現ジブラルタ生命）取締役CFO。2003年、リシュモンジャパンCFO。05年11月より社長リージョナルCEO（取材時）。15年11月に監査役就任。

ベースシナリオをどこに置くかで「答え」はまったく変わってしまう

正しい判断をするために一番重要だと思うのは、ベースシナリオを見極めることです。これを見誤ると、投資判断を誤ります。この点は、ラグジュアリービジネスに限ったことではなく、それ以前のキャリアを通じて鍛えられてきたことでした。

投資判断についてもっと言えば、重要なのは何を基準にして比べるか、という点です。たとえば、あるブランドで年間売上高が一〇億円、利益率二〇％の路面店があるとしましょう。あるとき、近くのちょっといい場所に新しい物件が出た。そちらに移れば、年間売上高は一五億円が見込める一方、家賃も高くなるため利益率は一五％に下がってしまう。しかも、初期投資に五億円が必要になる。

こうしたケースで投資効果を考えるとき犯しやすい間違いが、今ある売上高一〇億円と利益率二〇％が永久に続くと前提を置いてしまうことです。すると、売上高は一五億円に上がっても利益率が一五％に低下するような投資は、まずやらないと判断してしまう。重要なのは、売上高一〇億円、利益率二〇％の今の店で未来のシナリオが描けるのか、しっかり考えることです。アップサイド、ダウンサイドの複数ケースを検討する必要があります。

実は今、旧店舗のある地域は往来が増えていて、今後は何の投資をしなくても売上高は自然に年率二%ずつ伸びていく、というシナリオが描けるかもしれない。逆に、お店も古びてきていて、まったく新たな投資をしなかったとすると売上高は年率一〇%ずつ下がる恐れがあるので、売上を維持するには、どこかの時期で少なくとも二億円程度かけてメンテナンスをしないといけない、という結論が出るかもしれない。

つまり、比べるベースシナリオをどこに置くかによって、投資判断の答えはまったく変わってきてしまうわけです。ところが、ベースシナリオが恣意的に設定されている場合がかなり多い。きっとこうなるはずだ、という希望的観測をベースに置いてしまう。これこそが、思考の落とし穴なんです。投資するにしても、しないにしても、自分たちの投資判断を正当化するためにベースシナリオをいじってしまうんですね。

少なくとも言えるのは、ベースシナリオにおいて現状が永久に続くことはまずない、ということです。TPP(環太平洋戦略的経済連携協定)の議論などを聞いていても、TPPに参加すると国内の農業が打撃を受けるという声が聞こえてくる。しかし、TPPに参加しない場合も、日本の農業は現状を維持できるのかどうか。そこを理解していなければ、議論は間違った方向に行ってしまうと思います。

こうでなければいけない、という答えが最初からあるわけではない。だから、いかに白紙からベースシナリオを考えられるか。それが、思考するうえで最初に問われます。

一八四七年にパリで創業したフレンチメゾン「カルティエ」、一八九三年にロンドンで馬具専門店として出発したメンズ・ラグジュアリーブランド「ダンヒル」など、宝飾品や時計など数々のトップ・ラグジュアリーブランドを三〇カ国以上で展開するのが、リシュモングループだ。スイス証券取引所に上場しており、連結売上高一兆三〇〇〇億円、当期利益一七二〇億円（二〇一四年度）を誇る。日本法人リシュモン ジャパンのリージョナルCEOを二〇〇五年から務める西村豊氏は、キャリアを石油会社の経理から始めている。

大学時代は希望のゼミに入れなかったので、アメリカの大学に一年間留学しました。当時、アメリカのオイルメジャーが中心だったエネルギー産業に興味を持ち、帰国後に就職先を探しました。ところが、就職ではメジャーには入れなくて、モービル石油と三井物産のジョイントベンチャーだった極東石油に入社しました。石油精製を担う会社です。

配属されたのは、経理部門。企画など格好よく聞こえる仕事に若いときは憧れるものなので（笑）、経理というのは最もイメージの湧かない分野でした。ただ、とにかく最初ですから、どんなものなのか一生懸命やってみようという気持ちでしたね。

大学は経済学部でしたから簿記の授業ぐらいは受けていましたが、役に立つレベルではありません。そこで新入社員数名で簿記学校に通ったところ、ここで経理のイメージがガラッと変わりました。複式簿記って、素晴らしいなと思いましたね。たとえばB／S（貸借対照表）なら右に借入金（負債）、左に現金（資産）と仕分けしながら記録していくと事業の流れがよく分かって、どんどん面白くなっていきました。

しばらくして、いわゆる経理から財務に移りました。銀行から融資を受けるために技術部が作った投資計算に基づく借入計画を作ったり、六〇〇〇万ドル程度するタンカーを購入する際の為替をヘッジするためにディーラーと交渉したり。そうした業務をこなすには、さまざまなニュースを知っておく必要があります。それで、急速に世の中の動きに意識が向かうようになりました。

若いうちにメジャーリーグを経験するのは、後に小さな会社で経営をすることになっても意味を持つ

七年勤務した後、ヘッドハンターに声をかけられて、小さな外資系企業に転職しました。三〇歳で経理課長というタイトルが待っていることに少し魅力を感じて。

漠然とですが、ひとつの会社にずっといるというイメージは、もともと自分の中にあり

ませんでした。なんとなく、将来は自分で事業をしたいという夢があった。そのためにも、外資系なら若いときから経験を積むチャンスが多いと聞いたので、それも決め手につながったかもしれない。

ところが一年ほどすると、今度はGEから声をかけてもらいました。周りの先輩たちに相談してみると、こう言われたんです。GEというのは、野球でいえばメジャーリーグみたいなものだ。優秀な人たちのレベルが分かるし、吸収することもたくさんある。若いうちにメジャーを経験しておくのは、その後、小さな会社を経営するにしても大きな意味を持つ。GEのようなメジャーでプレーできる機会があるなら、絶対に受けたほうがいい、と。

まだ転職してから一年ほどでしたから本意ではないところもありましたが、GEの日本法人に移ったんです。特に肩書きはつきませんでしたが、メジャーへの挑戦ですし、気になりませんでした。ちょうど三二歳になる直前のことです。

GEの配属先はファイナンス部門だった。そして入社二年目、ファイナンス部門の幹部を育成するためにGEが作り上げた独自の教育システム「FMP（ファイナンシャル・マネージメント・プログラム）」を受ける。これが西村氏のキャリアに大きく影響を与えることになる。入社六年目の一九九三年には、早くも横河メディカルシステム（現GEヘルスケア・ジャパン）の取締役ＣＦＯ（チーフ・ファイナンシャル・オフィサー）に抜擢されるのだ。

事業を展開するには、表に出て目立つヒーローも必要ですが、コツコツと事業のバランスを診断する職人も必要です。ＦＭＰでは二年半にわたって、ファイナンスというのがどんなミッションを持っていて、どのようにビジネスに関わるべきか、といった心構えから始まり、事業を分析するツールを学んだり、ビジネスを見る視点やケーススタディを研究したりします。プレゼンテーション・スキルも学びました。

ただ、当時は日本からの受講生の人数が少なかったので、アメリカと同じプログラムは用意されておらず、通信教育が中心でした。年二回だけ本社のあるコネチカット州フェアフィールドに行って一週間くらい授業とテストを受ける。合格したら、次のコースに進めます。卒業後は、ＧＥグループ内で自分の配属先を探すのですが、同プログラムの卒業生は、優先的にきちんと育てられる、というコンセンサスもあって恵まれています。

ＦＭＰは当時すでに四〇年ほどの歴史があって、幹部もたくさん輩出していました。ＦＭＰがうまくいったので、ＧＥはその後ファイナンスに限らず、人事やＩＴでも同じようなマネージメント・トレーニングを作っていくことになります。後に、アメリカと同様のプログラムを日本でも受けられるよう私が導入することになりました。

私がＦＭＰで得られたのは、知識もさることながら、ひとつの自信です。大学を卒業して一〇年以上経っていましたから、それなりに忙しい仕事をこなしつつ、勉強をした。分厚い英語の教科書がどっさり送られてきて、時間もかかります。休みの日も、かなり勉強に費やしました。でも、若いある時期、自分にそういう投資をしたことは、とても価値があったと思うんです。しかも、自慢になりますが、私はこのとき成績優秀で表彰されたんですね。本社のCFOのランチに招待されるというご褒美もついていました。スケジュールが合わずに行けませんでしたが、アメリカ人がたくさん参加するプログラムで高く評価されたことは自信になりました。

みなリーダーを目指すというGEのカルチャーもあって、いずれはどこかの事業部のCFOに就くことを、現実的な近未来のイメージとして抱くようになりました。その先のCEOも、チャンスがあればやってみたい、とイメージし始めたのです。

必要な情報を十分に共有するだけで、周りの人のやる気というのは本当に大きく変わります

GEの日本法人は、いろいろな事業をまとめるカントリー・マネジメントの役割を持っています。実際の事業は、それぞれ法人化している事業部門が担います。私は早く現場で

ある事業部門に行きたい、と希望を出していて、それが三年後に実現しました。医療機器事業を担うジョイントベンチャーの横河メディカルシステムに移ったのです。

ここでは、事業部のビジネスサイクルにしたがって、中期計画や予算を策定したり、四半期ごとの業績をまとめる仕事をしながら、当時のCFOがどのようにビジネスと関わっているのか、間近で見ることができました。

アメリカ人のCFOがいて、よく言っていたのが「ファイナンス部門は、データではなくインフォメーションを出せ」ということ。データに付加価値を与えろ、という意味です。「君たちの仕事はアカウンタントではなくエコノミストだ」とも言われていました。FMPを通じて、ファイナンスというのは単なる経理財務屋ではない、という認識を私も持っていましたが、事業部のCFOが具体的な言葉でそれを提示してくれると、自分の中でいっそう腹に落ちる感覚がありました。

当時、横河メディカルは、GEの出資比率を高めて、GEによるマネジメントを強化していく途上でした。伝統的な日本の企業カルチャーに、どのようにGE文化を定着させるか、という統合の過程も学ぶことができました。共同出資していた日本企業側は、ファイナンスの役割も金庫番の要素が強いなど、GEとはずいぶん違う考え方でした。

だから、会議などでも「ファイナンスの人間が、こんなことまで口を出すのか」と思われていたと思います。とはいえ最初はアメリカ人のCFOだったので、なんとなく治外法

同じ結果であっても
起きている変化を洗い出し、
ビジネスを因数分解して考える

権のようなところがあった。ところが三年ほどすると、日本人の私がCFOをやることになるんですね。違和感はかなりあったと思います。でも、だんだん信頼してもらえて、「GEのファイナンスってこんなことまでやるんだ」というのを、ポジティブな驚きとして受け止めてもらえたと思っています。

その頃のGEは、ローカライゼーションを本格的に進めていました。日本人で次のCFOを、という流れがあり、CFOや取締役を打診されたことにも驚きはありませんでした。以前から小さなチームを率いていたので、リーダーシップやマネジメントにも心配はしませんでした。

私は今もよく言うんですが、野球ではスーパースターが一人いても、九人のやる気ある集団には絶対かないません。大事なことは、みながやる気になれる環境を作ること。特にファイナンス畑出身のマネージャーが陥りがちなのは、ビジネスに関する情報を抱え込んでチームでシェアしないことです。

たとえ目の前のファイナンスの仕事とは直接関係がなくても、マーケットや競合の状況、自分たちの会社の状態などを把握する。そうやって整理するために必要な情報を十分に共有するだけで、周りの人のやる気というのは本当に大きく変わります。それは今もそうですし、当時から心掛けていることです。

取締役CFOとして五年。最終年は、新しいポジションとなるアジアのビジネスディベロップメント担当役員という役割も担い、M&Aの責任者になった。ファイナンス出身者として会社経営に従事し、着実にキャリアを積み重ねた西村氏は、その後、保険ビジネスの大型買収案件に携わる。

ファイナンスの重要な役割のひとつは、分析です。たとえば予算達成に向け、部門によって、本当は一二〇できることを一〇〇しか言わなかったり、逆に一〇〇しかできないのに一二〇と言ってきたりする。同じ会社でも組織ごとに文化が違うからです。

だから、できるだけ各組織の立ち位置を理解しつつ客観的な現状を見極めて、起きている変化を洗い出すのが、ファイナンス部門に求められる分析なんです。僕はよく「ビジネスを因数分解する」と表現しますが、一〇〇という同じ結果であっても、去年は一〇×一〇だったものが、今年は二〇×五と内容が変化しているかもしれないわけです。

そうした変化を洗い出し、いいことなのか悪いことなのか、好機なのかをはっきりさせる。そして、グローバルの部門長や本社とも共有し、次のビジネスプランに反映させなければいけない。新たなビジネスプランができたら、それが予定通り実行されているかモニターしていく。

このとき重要なのは、一番効果的な判断基準を作ることです。成功か否かを何で測るの

か。自分たちのやろうとしていることが、うまくいっているかどうかを測る基準を作っていくのも、ファイナンスの仕事です。しかも、何年かするとその判断基準も見直さなければ、マーケットの変化に追いつけなくなる。

だから、マーケットに対して遅れないように、あるいはマーケットに先行できるか見極められる因数分解の要素を出す。そこから成功の基準を作る。これが重要な仕事なんです。一部はマーケティングとの共同作業ですが、これがファイナンスの仕事として、GEでは常に求められていました。

実際、優れた経営者は、ファイナンスをよりうまく活用しようとします。今、LIXILで社長を務めている藤森義明さん（GE本社でアジア人初の上級副社長に就任した）も、すごく優れたセンスでプレッシャーをかけてきましたよね（笑）。

ビジネスディベロップメント担当というのは、そろそろファイナンス以外のこともしたい、と自分が希望したキャリアでした。CEOになる前のステップとして、自分のファイナンス出身というバリューを活かしつつ、幅も広げられると思ったんですね。

具体的には、買収の責任者として、買収効果が高そうな企業や事業の価値を評価したりシナジーを考えて候補を選定していきました。その過程で投資銀行と話したり、買収するかもしれない相手と交渉するのは、いい経験になりました。候補企業の価値評価を会計事務所に頼んだ際に「おかしいんじゃないか」と指摘したこともあります。

ちょうどこの頃、アメリカのクロトンビル（ジャック・ウェルチの肝いりで作られた世界初の企業内ビジネススクールの通称）で行われるトップマネジメントを養成するトレーニングを受けました。組織のマネジメントを学ぶだけでなく、ケーススタディを通じて同じような立場の人とチームを組んで勉強する。これがまたいい経験になりましたね。

私たちの課題は何か。問題認識がズレていると解決策もズレてしまう

一九九八年には、日本の生命保険会社を買収して生まれたGEキャピタル・エジソン生命（現ジブラルタ生命）の取締役CFOになりました。買収前からビジネスディベロップメントの責任者でもあったので、タフな交渉を重ね、ここでも大きな学びを得ましたね。その後はファイナンスを離れて、マーケティング担当役員になりました。

マーケティングの実務経験はありませんでしたが、それぞれの部署には専門家がいます。彼らを束ねつつ、マーケティングを理解し、協力企業とのコミュニケーションを重ねていきました。

このときに限らず、問題の本質や課題を見極めたり、みなで議論する場合、私が必ず用

意するのが「プロブレム・ステイトメント」です。必要があれば、紙にも書きます。自分たちの課題は何か、事実として何が起きていて、どういう問題があるのか。本当に自分たちが向き合うべき課題について問題認識が外れていると、解決策もズレてしまうからです。

こうした問題認識の共有は当たり前のようですが、私の経験上、できているようで意外とできていません。そもそも問題は何なのか共通認識もないのに、いきなり解決策や改善策が出てきたりすることも多い。追究してみると、単なる思い込みがベースだったりする。A案かB案かどちらを選ぶ、なんて言っているときでも、そもそも何のためにやるのか、という原点が忘れ去られたまま議論が行われたりしますから。

五年後、GEは保険ビジネスをAIGに売却する。そのタイミングで、西村氏にはリシュモンへの転身話が持ち上がった。実はリシュモンの前CFOからの依頼だった。これを受けてCFOとしてリシュモン ジャパンに移って二年後、CEOに就任する。ラグジュアリーブランドは経験のない異分野だったが、戸惑いはまったくなかったという。

GEと一緒に素晴らしい会社を作りましょう、と保険会社の統合作業を担った私としては、売却時の気持ちは複雑でした。

そんなとき、リシュモンの前CFOから電話がかかってきたんです。GEが保険事業を売却するとニュースで知ったが、君はどうするのか、と。実は元ＧＥの出身者で、よく知っていたんですね。自分が別の会社に移るので、後任を探していて、なかなかいい人がいなかったんだ、と。タイミングも良かった。

経験のないブランドビジネスにも戸惑いはありませんでした。ビジネスモデルもある意味シンプルです。日本で製造はしていませんので、重要なのはディストリビューションをどう作るか。販路は路面店、百貨店のテナント、ｅコマース、卸のチャネルなど……さまざまです。将来に対する見通しをどう立てて組み合わせるか、がポイントでした。

たとえば二〇年前に比べれば、お客さまの属性や特徴は変わってきています。情報ソースも、雑誌などアナログからネットに一気に広がった。今では当たり前のように思えますが、この状況を一〇年前にいかに予測できたか。それが問われるわけです。

今後のマーケットをどう捉えるか。少子高齢化、海外からの旅行客増加、ラグジュアリーブランドに対する国内消費者の考え方の変化……。そうした変化をどう読み、何を変え、何に投資するか。中国のように当面右肩上がりで成長する国なら、販売店を増やし、販売員を雇うという成長戦略でいい。でも成熟した日本市場の先読みは単純ではないので、戦略的な要素を、さまざまに組み合わせることが必要になります。

こうした戦略を考えるうえで、私がＣＦＯとして培ってきた経験と勘はＣＥＯの立場でも非常に役に立ったと思います。

長期的な施策とは逆に、十分な準備がない中でCEOとして素早い意思決定と行動を問われたのは東日本大震災でした。取引先や従業員の家族で被災した人がいないか確認し、必要な支援を決める一方、本社所属の社員を帰国させることで組織に不和が生まれないよう情報の透明性に気を配るなど、マルチタスクを次々こなしました。一八〇〇人の社員の人生を背負っているのだ、と改めて重みを感じました。

起きていることが
自分にどう結びつくか。
常に置き直してみる

思考力というのは、結びつける能力だと思っています。アカデミックに学んだ内容も、自分のチームにどう使えるか、自分事に置き直してみる。そういう意識を常に持っていたんですね。

起きていることが自分にどう結びつくか、置き直してみる訓練を普段からしておいたほうがいいと思います。マクロな話でもミクロの話でもいい。いずれの場合も、自分事として考えるには、やっぱり訓練していないと急にはできません。

目の前の議論で過去の経験が問われているのに、その話がとっさに出てこない人がいますね。それは、日頃から継続的に訓練していないから。アンテナが立たないんです。

逆に、引き出しが多い、と言われる人がいます。そういう人は、どの引き出しを開ければ今の議論に役に立つか、分かっているんです。そうやって結びつける能力がなければ、引き出しだけあっても意味がありません。

そして、もうひとつ訓練してほしいのは、データだけで判断しないということです。思考するにあたってはデータを分析しますが、データは所詮、過去を示しているにすぎません。意思決定の前提は未来ですから、重要なのは、データから将来につながりそうな変化を洗い出すことです。

たとえば、eコマースで顧客の買い上げ単価の平均が下がってしまっている、としましょう。この事象だけを捉えると、下がった単価をどう上げるか、という思考になるわけです。でも、変化に着目するとどうなるか。平均は下がっているけれど、実は五〇代以上の人は上がっている、といったことが分かります。

データで示された過去ではなく、今後につながる変化を仮説として踏まえて判断できる。逆に、そうやって判断する訓練をしないと、データで見るべきポイントは分かりません。もとより過去の事象だけにとらわれていたら、延長線上の戦術論に終始するから、イノベーションは絶対に起こせない。

さらに、思考するときに一番大事なのは、熱い思いを持つことですね。一橋大学の野中郁次郎先生がおっしゃるように、最終的に会社のビジネスというのはより良い社会づくりにつながります。ここから物事を始めないといけない。そうした熱い思いなしに、いくら戦略を考えたところで意味がない。

リーマンショック後の先行投資はその一例です。当時、収益は二年連続で前年比二桁減という状況にありました。二〇一一年に構造改革を実施し、当然、あらゆる施策はコスト減に向かうわけですが、いかに成長に向けて舵を切るかという強い意志のもと、あえて先行投資に踏み切ったのです。当時はまだ景気が上向かないなかですから、勇気のいる決断でした。

富裕層を中心に潜在マーケットを掘り起こせるという判断のもと、時計修理の技術者を増やしたり、物流システムや一部店舗をテコ入れするなど、先手を打っていきました。結果、インバウンド需要が予想以上に増えて売上が上振れたといううれしい誤算はありましたが、単に環境を分析して立てた戦略であれば、投資するという選択肢はとらなかったでしょう。

熱い思いをどうやって実現していくか、という設計図が戦略なんです。そのことを絶対に、忘れてはいけないと思っています。

リシュモン ジャパン株式会社

1988年に設立されたスイスを本拠とする企業グループ、リシュモン。2014年度連結売上高1兆3000億円、当期利益1720億円。日本法人では、カルティエ、ヴァンクリーフ&アーペル、アルフレッドダンヒル、クロエ、IWC、モンブラン、ピアジェ、ジャガー・ルクルト、ヴァシュロン・コンスタンタンなど、ジュエリー、時計、服飾品等の輸入販売を手がけている。1989年の設立、2001年にリシュモン ジャパンに商号変更した。店舗は全国に広がる。2014年度売上高は1049億円、従業員数は1659人。

日色　保

Tamotsu Hiiro

ジョンソン・エンド・ジョンソン株式会社
代表取締役社長

Johnson & Johnson

Profile

1965年、愛知県生まれ。88年、静岡大学人文学部法学科卒業後、ジョンソン・エンド・ジョンソン入社。医療機器の営業、マーケティング、トレーニング等を担当。その後、外科用器材部門と糖尿病関連事業部門の事業部長を経て、2005年にグループ会社であるオーソ・クリニカル・ダイアグノスティックス社長に就任。08年には同社のアジア太平洋地域の事業も統括。10年、ジョンソン・エンド・ジョンソン 成長戦略担当副社長に就任、経営企画や新規事業開拓、薬事規制関連、渉外を担当。12年より現職。同社メディカルカンパニー代表取締役プレジデントも兼務。

本当にそうなのか。
どうしてそうなのか。
常に、この二つを突き詰めていく

経営に不可欠な視点は、極論すると二つしかないと思っています。

常に、この二つを問い、突き詰めていく。すると、だいたいの問題について答えは見えてきます。

「本当にそうなのか」「どうしてそうなのか」

あるとき、不採算の新規事業を率いることになって、それを実感しました。社員からは、製品に問題があるから売れない、という声が上がっていました。しかし、私は社員に問い続け、自分でも考え抜きました。「本当にそうなのか」「どうしてそうなのか」と。すると、課題はまったく違うところにあったのです。

何かを考えたり検討するにあたっては、第一にさまざまな情報をインプットしますよね。現場に出て、営業に同行し、お客さまからの話を聞く。競合の動向を探る。グローバルの展開と比較する……。刺激もあるし、驚きもある。そうやってインプットが増えてくると、だんだん思考の解像度が上がっていきます。ぼやっとしか見えなかった細かな点が鮮明になっていく。すると、これだ、という突破口が見えてくるんです。

僕の場合は、不要なノイズかもしれないな、と思う情報も含めてインプットします。とりあえず頭に入れる。思考を邪魔するのは、実はノイズではないと思うからです。

最も怖いのは、分かったつもりになることです。ビジネスが理解できてくると、これってこういうことだろうな、とそれまでの経験や外部から得た情報などと勝手にひもづけて結論づけてしまいやすい。忙しい中で、早く問題を処理したい気持ちもありますからね。

でも、ここに落とし穴があるんです。たとえ既視感のある問題であっても、必ずゼロベースで「本当にそうなのか」「どうしてそうなのか」を突き詰めなければいけない。すると、自分の仮説にも論理の破綻があるということが見えてきます。

むしろ社長になって、特にこの点には気をつけていますね。というのも、たくさんのプレゼンテーションを聞きますよね。稟議も、提案書も、業績報告も来ます。鮮やかなスライドで見事に見せてくれるから、うっかり鵜呑みにしてしまいそうになる（笑）。でも、騙されてはいけない。常に本質を見極めなければと肝に銘じています。

医療機器や医療用医薬品、消費者向け製品など、ヘルスケア関連製品を扱う世界的なメーカー、ジョンソン・エンド・ジョンソン（J&J）。一八八六年にアメリカで創業され、全世界に二六五社以上のグループ企業、約一二万六〇〇〇人の従業員を擁する。日本法人

の設立は一九七八年。約二四〇〇人の組織を率いる日色保氏は、八八年に新卒で入社した生え抜きである。

大学を卒業した頃はバブルの絶頂期でした。世の中だいたいにおいてなんとかなる、とみんなが思っていた時代。かくいう私もそうです。おぼろげに、日本の会社よりは外資系のほうが自由なことができるのかな、というイメージがあっただけでした。それで最初に内定をもらったのが、ジョンソン・エンド・ジョンソンだったんです。

調べてみると、すごくいい会社だと感じました。象徴的なのは、クレド（我が信条）です。会社として正しいことをやるべきだ、という信条を掲げていて、それを忠実に守ってきた。

一例が、有名な一九八二年のタイレノール事件（何者かが解熱鎮痛剤タイレノールの瓶に毒物を混入し、死者が出た未解決事件）への対応です。アメリカ全土から三〇〇〇万本以上を回収し、厳重なパッケージに変更するなど、費用を度外視して消費者を守るための対応を徹底しました。

日本でもすでに、福島県須賀川市にある工場の環境対応が素晴らしいと表彰されたりしていました。建物を緑で覆って景観に配慮したり、産業廃棄物を減らすという努力は今では当たり前ですが、当時やっている企業はまずなかったと思う。グローバルでは巨大企業でしたが、日本の事業規模はまだすごく小さくて、これから伸びる可能性がある、とも直感ですが感じました。

当時、入社後はまず営業職から経験するというのが順当でした。私は大学のあった静岡に駐在というかたちで配属され、自分の家を事務所代わりに直行直帰の生活でした。上司とは朝晩に電話で話すぐらいで、会うのも数カ月に一度、中部・北陸エリアを統括する名古屋支店に顔を出ときぐらいです。新入社員に対して、ずいぶん放任だなあとありがたいやら驚くやらでしたね。

でも、仕事はとにかく面白かったです。扱っていたのは、手術用の縫合糸や自動縫合器、腹腔鏡手術の器具といった医療機器でした。たとえば縫合糸ひとつとっても、種類がいろいろあります。体内で溶けてなくなる特殊な糸や、縫う臓器ごとに太さも異なります。営業するためには、手術や人体のことなど、かなり勉強しなければなりませんでした。

しかも、術法が大きく進化した時期だったから、余計やりがいを感じました。ひとつは、自分の提案によって患者さんが早く回復できるなど、役に立てている手応えがあったからです。子どもの手術で一〇年後の再開腹が必要なくなったなんて、うれしかったですね。

あとは、そうした新しい技術を医師の先生方に教えるという経験もなかなかできませんし、自分がしっかり勉強しなければと奮い立ちました。自動縫合器などは出始めた頃で、熟練の先生でも使ったことがなかったので、大学出たての私が手術室で機器の使い方をお

教えしていたんですから。

自分で言うのもなんですが、営業成績は良かったです。今でも自信ありますね（笑）。

経験のない仕事は、まず現場から学ぶ。ベテランの話を聞いたり、本を読んだり　それらの相乗効果で成長は速まる

三年半ほど静岡で営業して、名古屋支店に異動しました。三カ月ほどで大きな組織改編があり、成長を目指して組織の規模を三倍に拡大するという。でも急拡大なので、管理職の頭数が足りない。そこで入社四年目の私にまでお鉢が回ってきました。二六歳で、いきなり八人の部下を持つマネージャーになったのです。

今思えば、幸運だったと思います。早い時期にリーダーの仕事を経験できたから。しかも、駐在していたアメリカ人の上司が、日本にも体系的な社員教育のプログラムを作ったほうがいいと考え、たまたま少し英語のできた私がその任に当たることに。アメリカ本社で社員研修を学んだ後、東京に転勤することになりました。

今、会社で実施しているマネージャー向けのリーダーシップやコーチングなどのスキルトレーニングや、事業部ごとのキャリアパスなど、原型は私がこのとき東京に移って二年

間ぐらいで作り上げたものです。

当時は、後にも先にもこんなに働いたことがないというくらい働きましたね。四〜五年分の仕事を二年で仕上げたぐらいのイメージです。でも、おかげで気がつきました。ああ、本当の仕事の面白さって、こういうものなんだな、と。若くても単なる歯車ではなく、自分の仕事が会社の業績にきちんとつながる。だからオーナーシップを持って、夢中で取り組みました。初めてそういう気持ちを味わって、忙しかったけれどとても心地良かった。

一九九六年、日色氏は三一歳のときアメリカに一年間赴任した。J&J社内で、将来のリーダー候補に課される研修プログラムの受講者に選ばれたのだ。この後、短期間でさまざまな仕事を経験し、キャリアの階段を駆け上っていく。入社時に担当した外科用器材部門の事業部長に就任したのは入社から一四年目を迎えた三六歳のときだった。

私は現職に就くまでの二四年間で、一四の仕事を経験しました。J&Jは、人材の育成・開発にとても力を入れていて、頑張って結果を出すと、どんどんストレッチされるんです。新たな仕事に就いて一〜二年でようやく慣れてきて、さぁ少しラクができるかな、と思い始めると次の異動の辞令が来る（笑）。異動したら、またゼロからです。

でも、学んでいるうちに、また面白くなってきます。じゃあこうしたらいいんじゃないか、とアイデアも出てくる。そうなった頃に、また異動です。でも、おかげで自分では気づかないうちに、自然と鍛えられました。

アメリカから戻って、営業部門の管理職として、今度は東日本全域を担当することになりました。ここで、一年だけでしたが、初めて管理職を統括するという経験をしました。自分の営業チームを率いるときは、手取り足取り各人に教えるわけですが、自分なりのスタイルや経験のある管理職相手だと距離感はまったく違います。パフォーマンスを上げるには、どんなマネジメントがいいのか、試行錯誤しました。

その次の二年間は、マーケティング部門へ。経験のない仕事でしたから、必死で勉強しました。担当業務を替わると、それまでの実績はリセットされます。マーケティング部門に行って、「オレは営業でこんなに実績を上げた」と威張ったところで誰も相手にしてくれないのは当たり前です。過去にこだわらずに、新しいところに行ったら謙虚にゼロベースで学ぶことが大事だなと、このとき改めて思いました。

そして新しい仕事の相場観を摑むには、現場で学ぶだけでなく、経験豊富なベテランから話を聞いたり、本を読んだり。これらの相乗効果で、成長スピードを速められます。

その後、営業とマーケティングの責任者になり、それから全体の事業部長を委ねられました。さらに二年後、本当の意味で思考力を問われる仕事が待っていました。

机に座っていてもアイデアは出てこない。あらゆる場所で考え続けていると、あるときマグマのようにボンと噴き出す

私が最初に事業部長を任せられたのは、最も歴史のある主力の外科用器材部門でした。入社以来一六年も経験のある事業であれば、一を聞けば十わかるし、部下もみな一緒にやってきた仲間ばかりでしたから、仕事もやりやすかった。おかげで、あまり深く考えなくても物事は進んでいくし、判断を間違えることもないという状態でした。

ほどなくして、その事業を離れ、一年半前に立ち上がったばかりの事業を任されることになったんです。糖尿病患者さんが使う血糖自己測定器の事業でした。鳴り物入りで立ち上がったものの業績は惨憺たるもので、組織の規模は当初の三分の二にまで縮小されていました。

以前任されていた主力事業と比べれば、組織の規模は六分の一以下、売上なんて一〇〇分の一以下でした。だから、私の異動は、社内で衝撃を持って受け止められたようです。有り体に言うと「飛ばされた」とね（笑）。ただ、会社は困っていて立て直してほしいという。面白そうだし、私自身は奮起していました。

考え抜いたら、
最後は心の強さとガッツが求められる。
問われるのは覚悟ですよ

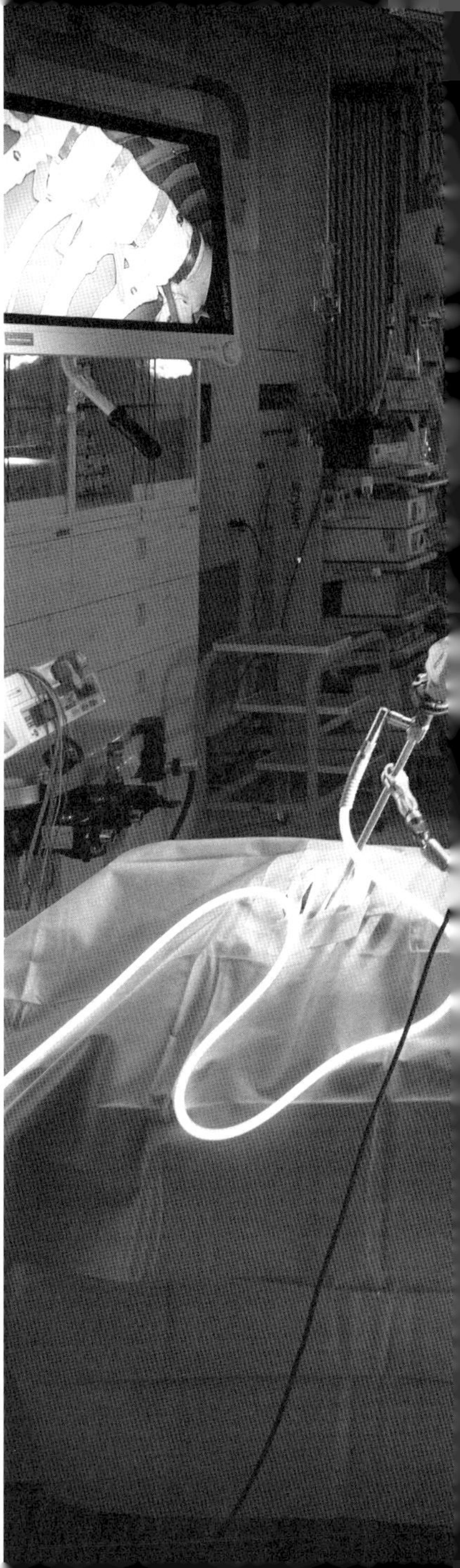

ところが、やっぱり甘くはなかった。もう前の事業部のような、阿吽の呼吸はないわけです。ビジネスの勝手もわからないし、私の価値観も部下は理解していない。このときは短期間のうちに本気で知恵を絞りましたね。問題の本質はどこにあるのか……。

まずは現場を回りました。一カ月しないうちに分かったのは、現場が自信を失っているということ。営業に帯同しても、営業マンはセミナーの案内をするだけで鞄から一度も製品を出すことがなかった。おそらくそれまでの一年半で、製品を見せても、けんもほろろの扱いを受けてきたのでしょう。営業はみな、製品がダメなんだ、と考えているようでした。売れない理由をお客さまに聞き、その声を真に受けて「他の製品に比べてここが足りない」と文句ばかり言っていました。

このときも私がみなに問い続けたのは、「本当にそうなのか」「どうしてそうなのか」という二点です。糖尿病は慢性疾患ですから、患者さんはすでに他社の血糖自己測定器を使っています。新製品が出たからと、慣れた測定器からすぐに乗り換えてくれるはずはありません。問題の本質は、製品自体にはないと私は判断しました。後発で市場に入っていくのだから、まずは信頼してもらうところから始めないといけない。

では、どうやって信頼関係を作るのか。やっぱりお客さまのことを理解することが第一の突破口になります。糖尿病患者さんのことを、本当に理解しているか。そして、そういう患者さんをケアしている医療従事者の身になって、本当に考えているか。自分たちの製品だけをとにかく売りたいというのは、虫が良すぎるんですよ。

患者さんと医療従事者にとってのベストな製品とは何か。それを考え続けました。しかも、それまで測定器は無料でお渡しして、試薬の販売で稼ぐのがこの事業の一般的なビジネスモデルだったところ、医療用医薬品製造販売業公正取引協議会から医療機器を無料で渡す点に待ったがかかりました。だから、患者さんに乗り換えてもらうには、機器を購入してもらわねばならず、ハードルはさらに上がりました。悩んで、考えて、考え抜いた。

そして、閃いたんです。ブレイクスルーというのは、おかしなところでやってくるんですよね。それまでさまざまな情報を蓄積してきて、ようやく生まれてくるものなんだと改めて思いました。

実際、机の上にじーっと座ってアイデアが出てきた経験は、私には一度もありません。それよりも、あらゆる場所で考える。営業の現場でも、社内を歩いていても、どこでも考える。メンバーの話を聞いたり議論したり、一緒に考えたりもする。こういうものが積もり積もって、どこかからマグマがボンと噴き出してくる感じです。

ずばり、逆転の発想でした。詳細はここで申し上げられないのですが、この業界の人たちが薬事法上できないと思い込んでいた販売方法について、「本当にそうなのか」「どうしてそうなのか」と突き詰めて調べてみたら、法的にも問題ない方法が見つかったんです。もちろん、患者さんや医療従事者の方にとっても魅力の大きな方法です。

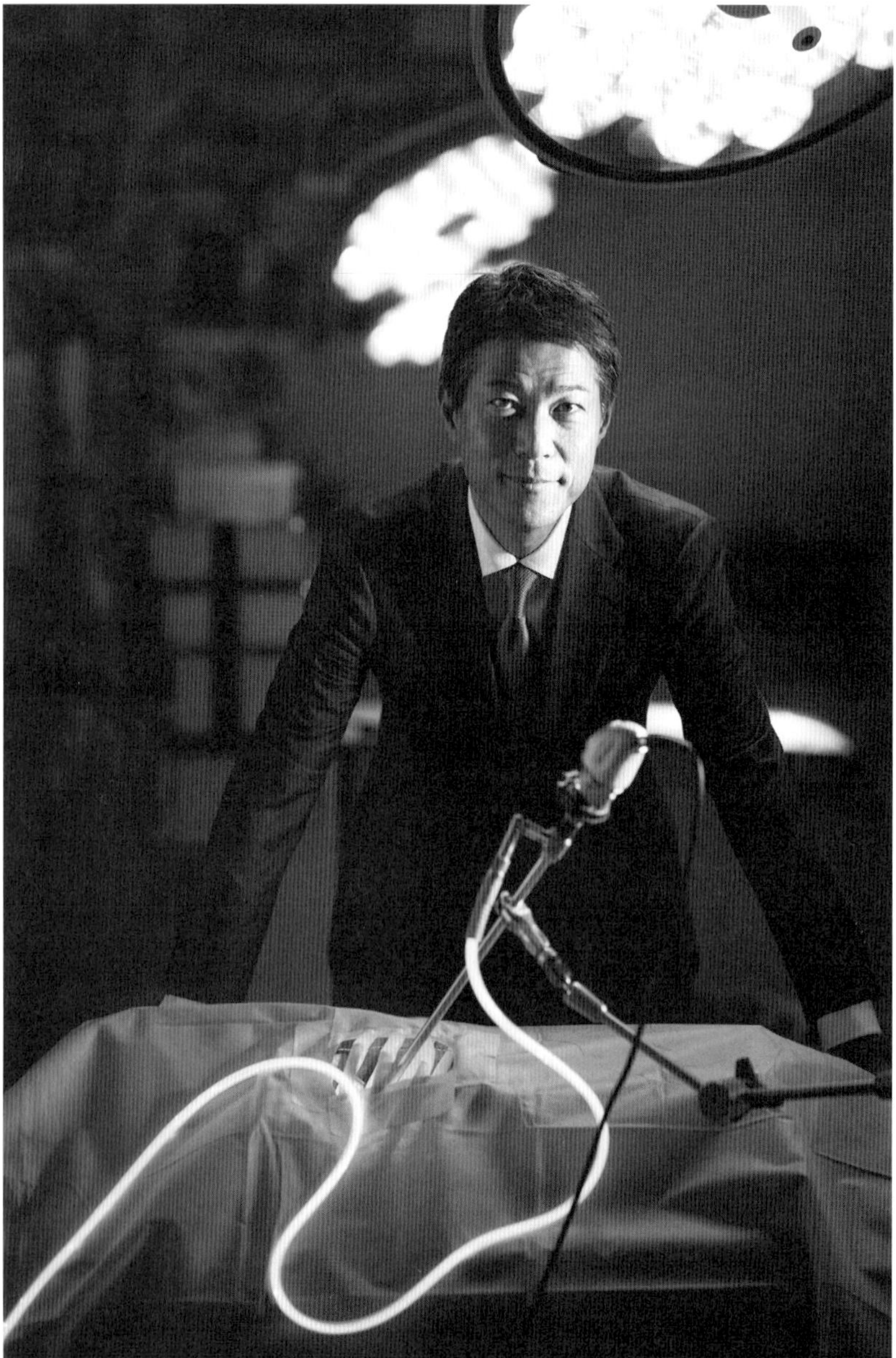

さらに、大きな効果があったのは、日本市場のニーズに即してカラー画面で使いやすい測定器を開発したことです。これは私が在籍中に仕込んで、別の事業に移った後に発売され、爆発的な成果につながりました。売上は一年で三倍に、約一〇年を経た今では八〇倍に成長しています。競合も類似品を出してきましたが、最初にこのかたちを売り出したパイオニアである信頼感は絶大で、うちだけが伸びています。

外資系のメーカーでは本社が開発した製品を輸入して販売するのが一般的ですから、日本での製品開発は異例のことです。しかも、当時の日本市場は小さいから本社もなかなか取り合ってくれないのを、今のままじゃ絶対売れないからと説得したりなだめすかしたりして（笑）、ようやくＯＫをもらえた。もちろん、過去の私の仕事ぶりも評価してくれたのでしょうが、その気になればなんでもできるんだ！と思いました。今や、この日本発の測定器が世界でも展開されているんです。

こんな製品では売れない、と嘆いていた営業からは「負ける気がしない」という自信に満ちた声が聞こえてくるようになりました。ピンチはチャンスになる。これは本当です。

とことん考え抜く原動力になったのは、やっぱり悔しさですよね。以前に率いた事業は、マーケットシェアの高い勝ち組ガリバー事業でしたから、新規ビジネスに移ってみて、お客さまに名刺すら受け取ってもらえない、悪くすると目の前で破られるというのを経験して、愕然としました。とにかく悔しかった。このままで終わってたまるか、と思えたからやり抜けたんでしょう。

糖尿病関連事業の危機的状況を救った日色氏だったが、携わったのは、わずか九カ月間だった。結果を出したら、あっという間にまた新たな事業で力を試されることになった。次は、国内のグループ会社の社長職。三九歳の日色氏に急遽、白羽の矢が立った。日色氏はここでも結果を出す。三年間で同社の事業構造を抜本的に変え、アジアにも進出した。

次に移ったグループ会社というのは、臨床検査の判定試薬の分野でトップクラスにつけていました。ただし、同じJ&Jグループであっても、本社とはまったく違う経営が行われていました。長年、経営層の新陳代謝がなかったためか、日本的な年功序列がそのまま残っていました。一番若い管理職は、四三歳。社長の私より年下です。役員に至っては、全員がはるかに年上。まったく違う世界に転職したようでした。

まずは、謙虚に状況をきちんと理解するところから始めました。

この会社の業績が、安定的だけどずっと横ばいなのはなぜか？

ほどなく、理由がわかってきました。事業の柱が三つあるうち、今は競争力が低いけれど最も成長余力の高い新規事業に、人や投資のリソースが割けていなかったのです。ほかの二つの既存事業――シェア七割を誇る主力の輸血関連事業と、独占的で収益率は高いものの特許切れが間近となっていたC型肝炎領域の事業――に強力な磁力が働いて、どうしても新規事業はおろそかになっているようでした。

私は、かなり思い切った手に出ました。この施策を閃いたのは、アメリカ・サンディエゴの学会会場近くの横断歩道を渡っていたときでした。それまで考えに考え抜いて、みんなと散々議論をしていた後です。そうしたら、いきなり浮かんできた。

社員全体の実に九割を、その新規事業に振り向けたのです。既存の二つの事業には、その分野の知識にも商売にも通じたスペシャリスト一割だけを残しました。普通であれば、新規事業に振り向けるといっても三割ぐらいにとどめてバランスをとるものでしょう。それを、思い切って新規事業へ振り切ったわけです。もちろん既存の事業も大切ですが、すでにシェアが高く、競合に絶対負けないスペシャリストがたくさんいるなら、少人数に任せてしまったほうが効率が上がるのではないかと考えました。

経営者として覚悟したのは、既存事業の売上が下がることです。でも驚いたことに、結果は逆でした。むしろ、売上は増えたのです。人数が減ったことでメンバーの危機感が高まり、それまで以上に既存事業の社員がいい仕事をしてくれた。必要は発明の母といいますが、人手が足りないのを補う方策を考えてくれたのです。新規事業も伸ばせたので、会社の業績も一年で一気に好転しました。大成功ですよ。

アジア進出も含めて、この会社の社長を五年半やりました。それから、J&J日本本社に戻ってこい、という声がかかりました。最初は迷いましたが、受けることにしました。足りないスキルを学べると思ったからです。

正しくあれ、という「我が信条」。職位が上がるほど大事にしているし、常に判断の土台にある

前職でも社長としてすべてを統括してきましたが、軸足は営業やマーケティングにありました。本社を管理・統括するとなれば、さらに研究開発や品質保証、法律、M&Aなどの事業開発と、経営者として経験が不足しているところについて学べると考えたのです。実際、それらを一五カ月ほど勉強したところでJ&J日本の社長になりました。

会社としては、社長にするためのステップをずっと踏ませてくれていたんだと思います。J&Jはかなり長期的に幹部を育成しています。社長になるのに、営業一筋なんていうこともあり得ません。いろいろなビジネスの形態や複数のファンクションはもちろん、できれば他国での経験も必要でしょう。足りない能力や経験は積極的に補わせてくれます。

どうして社長になれたのかは、私にもわかりません。はっきり言って、運と巡り合わせでしょう。若いときから、そんなことを考えないほうがいい。私自身も考えませんでした。

それより、目の前の仕事を通じて、しっかり自分のビジネスパーソンとしての筋肉を付けていく。そうすれば、結果として「これをやらせてみるか」と周りが言ってくれるようになります。

確かに、若いうちの潜在能力に期待してチャレンジさせるのは、外資系のほうが積極的かもしれません。若い人にチャレンジさせるのは、勇気がいる。仮に失敗しても上司がリスクを取る覚悟が必要です。でも、「彼にはまだ早い」なんて声は、J&Jでは絶対に上がらない。私も、人を育てるのに一番いいのは、今まで経験のないことをやらせてみることだと信じています。

J&Jといえば、先にも話の出てきた「我が信条（Our Credo）」があまりに有名だが、職位が上がるほど、この「我が信条」を極めて重視するという。規範として、社内に浸透しているのである。

どんな判断においても、土台となるのは「我が信条」ですね。J&Jでは「Do the right thing（正しいことをせよ）」という考え方が根づいています。

企業として利益を追求したり、成長を追い求める姿勢と、「我が信条」の方針とはそぐわないのではないか、と尋ねられることもありますが、我々の中ではまったく矛盾はありません。そもそも利益は、それ自体が事業の目的にはなり得ませんよね。利益によって、新しい薬や医療機器を開発することができ、潜在的なニーズに応えられる。それを一三〇年続けてきたのがＪ＆Ｊです。

ですから、私たちが儲けを増やそうとして、不動産に投資したりすることはありません。いただいたお金は、必ずヘルスケア分野の新しい製品に投資するか、もしくはそれを開発する人に投資する。これが徹底しているのは、「我が信条」があるからだと思います。「我が信条」はある意味、ＣＥＯよりも尊い。経営者の暴走も許しません。Ｊ＆Ｊでは、〝クレドーリーダー〟というのが一番の褒め言葉といわれるほど、「我が信条」に基づかないリーダーは尊敬されません。

私自身も職位が上がって、ＣＥＯやそれに準ずる人たちと会うようになって実感したことがあります。お題目ではなく、本当に「我が信条」を大事にしているということ。当たり前かもしれませんが、職位が上の人たちほど大事にしています。

経営は後戻りできない。
考え抜いて決めたら、しっかり実行する。
ダメならリカバーする方法を考えればいい

判断する際に、私が「我が信条」以外に重視しているのは「変化を選ぶ」ことです。なんとなく変化が起きなさそうな決断と、何らかの変化を生みそうな決断があれば、後者を選ぶ。変化によって、どちらに転ぶか分からなかったとしても、不明瞭で、揺らぎがあって、先が見えない展開があるほうを選びますね。そのほうが、好転する可能性が少しでも高い、と思うからです。

とはいえ、結局、どちらを選んでも「たられば」です。たとえば、考えてみてください。Aではなく B を選んで成功した。でも、Aを選んだらもっと大きな成功を収めたかもしれない。Aを選ぶべきでしたか？　それを考えてみても始まりません。経営は後戻りできない。考え抜いて決めたら、それをしっかり実行する。ダメならリカバーする方法を必死で考えればいい。経営は、思い込みと開き直りだ、と普段から言っています。

一番いけないのは、ああしておけば良かった、こうするべきだったと、うじうじ後悔することです。考え抜いたら、最後は心の強さとガッツが求められる。ヘッドとハートとガッツの三つが揃わないといけません。

最後に問われるのは覚悟ですよ。それがなければ、部下を納得させられない。みんなの中に腹落ちしていないことは絶対にうまくいかない。決意があって、それが伝わらなければ、みんな逃げていくんです。覚悟も含めて、思考力だと私は思っています。

ジョンソン・エンド・ジョンソン株式会社

世界60カ国に265社以上のグループ企業を有し、消費者向け製品、医療機器、医薬品の分野で数万アイテムにのぼる製品を提供する世界最大のトータルヘルスケアカンパニー、ジョンソン・エンド・ジョンソン。2014年度連結売上高は8.9兆円、当期利益1.9兆円、従業員数12.6万人。日本では1961年に事業活動を開始、78年に法人設立。医療機器を扱うメディカル カンパニー、消費者向け製品を扱うコンシューマー カンパニー、コンタクトレンズを扱うビジョンケア カンパニーからなる。従業員数は約2400人。

平野拓也

Takuya Hirano

日本マイクロソフト株式会社
取締役代表執行役社長

Microsoft Japan

Profile

1970年、北海道生まれ。95年、米国ブリガムヤング大学卒業後、カネマツUSA入社。98年、アーバーソフトウェア（ハイペリオン・ソフトウェアと合併し、ハイペリオン・ソリューションズに変更）入社、ハイペリオン入社。2001年、ハイペリオン日本法人社長。05年、マイクロソフト日本法人入社。07年、執行役常務。11年マイクロソフト中東欧地域統括ゼネラルマネージャー。14年、日本マイクロソフト執行役専務マーケティング＆オペレーションズ担当。15年3月、代表執行役副社長。同年7月より現職。

過去の実績や経験、資産……そういうものを取り払わないとインサイトは得られない

人は誰しも、過去からの延長線上で考えてしまう習性があります。すると、何らかの前提に縛られ、どうしても守りに入ってしまう。でも、それを取り払わないと、本質は見えてきません。過去の実績や経験、資産……そういうものを、いかに捨てられるかが問われます。どれだけオープンな姿勢で周囲の意見を聞いて、発想ができるか。それができなければ、いくらデータをひっくり返してもインサイト（洞察。本質につながる気づき）は得られません。

二〇一四年二月、マイクロソフトのＣＥＯにサティア・ナデラが就任しました。これまでのマイクロソフトが見ていたのはＩＴという世界でしたが、サティアはＩＴを超えたまったく別の世界を思い描き、人の生き方にまでさかのぼってマイクロソフトに期待されるサービスとは何かを考え、最適の組織に作り替えようとしている。私は、これに共感しています。新しいマイクロソフトに合わせて、日本を含めた現場も大胆に変わっていかなければならない。それはオペレーションに限らず、組織や考え方などすべてです。

マイクロソフトのビジネスは実際、ウィンドウズやオフィスなどのクライアントソフト

ウェアやサーバーを売ることから、どんどんクラウドサービスに移行しています。だとすると、たとえば法人営業部隊も、これまでのようにPCの販売台数ベースでお客さまを区分けして、大手／中小に対応した編成でよいのか。クラウドサービスで使うデータ量は組織の規模にリンクしませんから、データ量をもとに営業部隊の編成も変えたほうがいいかもしれません。あるいは、ウィンドウズがあるからマイクロソフトを使っていたというお客さまに、新たなご提案もしていかなければならない。

変えなければいけないことや、考えるべきことが、山のようにあります。

アメリカに本社を置く世界最大のコンピュータ・ソフトウェア会社、マイクロソフト。時価総額世界ランキングでも常に上位に位置し、ソフトウェアやクラウドサービス、デバイスも手がけるコンピュータ界の巨人である。一九七五年にビル・ゲイツが創業し、二代目CEOスティーブ・バルマーとともにアメリカを代表する企業へと育て上げた。平野拓也氏は、二〇一五年七月、日本法人社長に就任。七年ぶりのトップ交代だった。

父が日本人、母がアメリカ人です。北海道に生まれて、大阪や千葉にも住んでいました。高校受験もしましたから、こう見えても、日本語も普通に話します。母とは英語で会話していましたから、英語もね、通じると思いますよ（笑）。

日本の高校を卒業し、キリスト教の宣教師をした後にアメリカの大学を選んだのは、自分の本当の力を試してみたかったからです。私の子ども時代には日本ではハーフがまだ珍しかったから、良くも悪くも目立ちました。だから、客観的な評価を受けられる場所で、自分の力を知りたかった。

アメリカでは外見で目立たなくなりますから、逆に、どうやったらみなに気づいてもらえるか考えるようになりました。自分のバリューはどこにあるのか。それをしっかり考えて、もっともっと磨いていかないといけないと思いました。

今でも、国際会議に出たりすると、自分の存在をどんなふうに認めてもらうか、必ず考えます。その感覚は当時から変わっていません。

それとアメリカに行ってみて初めて、母が言っていたことも理解できるようになりました。彼女は常に「自分を信じなさい」と言っていたんです。たとえば、日本では友達の多くが塾に通っていましたが、その必要はない、と。自分を信じれば何でもできる、というメンタリティで、みんなが進むレールの上をなんとなく進むのを好まなかった。たしかに、レールがないぶん本気で生きていくしかないから、エネルギーが湧いてきます。

いかに人と違う強みをつけられるか。勝てる差別化をするか。そういうことを真剣に考えるようになりました。勉強では絶対勝てないということは早々に分かったので(笑)、私はひたすらインターンシップにのめり込んだんです。卒業したときの経験値が高ければ、就職するときに魅力のある人材として見てもらえるだろうと思って。

ワシントンDCにあるアメリカ商務省や、大学教授の助手、アラスカの観光業、ティーチングアシスタント……。いろんな仕事を経験しました。アメリカで外見や言葉がまったく強みにならないという環境に飛び込んだからこそできたことだと思っています。

ものも情報も持ちすぎないほうがいい。雑音は捨ててしまえばいい。大事なものだけ、頭に残しておきます

大学を卒業するとき、いくつかオファーをもらえたのですが、最初に就職したのは日本の商社、兼松のアメリカ法人でした。これにはシンプルな理由があって、ひとつは勤務地がシリコンバレーだったことです。婚約したばかりの妻の出身地がカリフォルニアだったので、近くのほうが喜んでくれると思ったんですね。もうひとつは、日本語と英語の両方が使える強みも活かせると考えました。

仕事は半導体装置の営業です。部下や取引先を丁寧にケアするなど、日本流の仕事の仕方を学びました。三年いた中で、はっきり認識できたのは、自分が仕事に何を求めているのか、ということです。自分が希望する具体的な職種やキャリアは分かりませんでしたし、

それを無理に定めるのも良くないと思っていました。でも、自分にとっての仕事のやりがいやモチベーションを高めてくれるものというのは割合はっきりしていたんです。ひとつは、知識欲を満たせること。もうひとつは、意思決定とその結果にコミットすること。この二つが満たせるなら、どんな業種やポジションでも構わないと思っていました。

折しもシリコンバレーはドットコム・バブル前夜でした。自分の可能性を追求したいと考えるたくさんの人が行き交い、さまざまなビジネスが生まれていました。熱い空気は刺激的で、私も早く何かトライしたい、と思うようになっていました。

あるとき、ソーシャルイベントで、アーバーソフトウェアというベンチャーの幹部と話す機会がありました。これからアジアの拠点を開くから一緒に何かやらないか、と誘われました。私の外見と名前のギャップも面白がってもらえて。まずはアメリカで仕事を始めたのですが、後にハイペリオン・ソリューションズと対等合併して、日本にオフィスがあるから行ってみないか、と言われて異動しました。

転職してからも常に考えたのは、やっぱり自分のバリューはどこにあるのか、ということです。自分にしかできない仕事は何か、どこで発揮するのか。無意識のうちに、ずっと探していましたね。

平野氏はシリコンバレーのベンチャーで二年間働いた後、その会社が合併したハイペリ

オンの日本オフィスに異動する。そして、三〇歳にして社長に抜擢されるのだ。五年間にわたって社長を務めた後、マイクロソフトに転じるが、それは周囲の誰もが驚く転身だった。

ハイペリオンの日本オフィスに移った最初の年は、社長が交代したりして社内は混乱していました。離職率が五〇％にもなって、多くの人が会社を去りました。新たにやってきた社長に反発する人もいましたが、私は、せっかくならお客さまに喜ばれて会社が成長するように、この社長のために一生懸命働こう、三カ月なり半年なり自分の時間をかけてみようと思いました。いやいや仕事をするのは面白くないですし。それで、休みも一切取らずに社長のために働き通したんです。

そうすると、社長も信頼をしてくれる。小さな組織でしたから、社長のために仕事をしていると、やがて同じような目線で会社が見られるようになっていきました。それで一年ほどして出張でアメリカに行ったとき、ＣＥＯの部屋に呼ばれたんです。カジュアルな会話から始まって、「日本を成長させるには、どうすればいい？」と聞かれたので、常日頃、思っていたことをホワイトボードに書きました。日本オフィスの社長をやらないか、という電話がＣＥＯからあったのは、それからしばらくのことです。

ビジネスをどう分析すべきか、自分の中に確固たる軸ができたのはもっと後のことですが、だいたい摑めるようになったのはこの頃でした。まず、戦略／オペレーション／組織という三つを見ます。そしてプラスアルファで四つ目に大切なのが、モチベーション&インスピレーションです。この四つ目の要素があって、初めて組織が活性化して勢いが出る。社長になった後、とにかく追求したのがこの四つでした。

具体的には、四つの軸でインサイトを集めていきました。その対象も、業績のデータだけでなく社員やお客さまへのヒアリング、クレームの吟味、製品分析と広かった。すべてを、先入観なしに見つめ直す。すると、本当に大事なことが見えてきます。重要なのは、頭に残らないことはどんどん捨てていくことです。意図的に捨てる。私が自分に常に問いかけているのは、「What is it all about ?」。これはいったい何のためなのか——ということです。これを習慣づけると、一歩引いて物事を見ることができるようになります。

私のオフィスはものがほとんど置かれていないと驚かれるのですが、ものも情報も、たくさん持ちすぎないほうがいいんです。たとえば、一時間の国際会議でも、私は三点だけ発言しよう、と心がけます。そうすると、話の流れに必死で耳を傾けるから、全体が見えてきて、言うべき三つもクリアになります。あとは雑音ですから、邪魔になる。捨ててしまえばいい。大事なものだけ、頭に残しておきます。

社長を五年やって、知識と意思決定を磨けるいっそう大きな場所で挑戦してみたいと思うようになりました。転職を考え始めて、ありがたいことに事業再生含みのベンチャーや投資銀行などから、いくつかオファーをもらいました。ポジションも報酬も、あらゆる条件が一番悪かったのが実はマイクロソフトだったのですが、そこに決めました。
周囲からは「拓也は転職に失敗した」と言われましたが、自分の中ではまったくそんなふうには思いませんでした。私は自分が仕事に求めるものに忠実でありたかったからです。面談で、ほかの会社は「ライバルを蹴散らす」「ナンバーワンを目指そう」という相対的な話が多かったのですが、マイクロソフトとは「こんなこともできるかも」と事業の可能性について熱く語り合えたんです。〝図体の大きい高校生〟みたいな少し青臭い会社だなと思いましたが（笑）、自分の働くバリューにすごく合っていると感じました。

失望したと言われて、ショックでした。
でも、そんなに期待してくれていたのか、と
刺激になった

入社して最初に命じられたのが、日本法人の向こう三年間の成長戦略を作ることでした。マイクロソフトでは半期に一度、アメリカ本社のCEOや幹部に対して、各国・地域の社長が半日かけて過去半年の実績と今後の計画をレビューをする場が設けられています。そこで、当時の日本法人の社長と一緒にプレゼンテーションするための成長戦略だというのです。

自分の価値観をしっかり持っていたら、
思考はブレなくなる。
だから、自分を理解することが大切です

これはもう必死でした。小さな会社から移って、周囲は優秀な人ばかりに見えました。しかも、製品やソリューションは多岐にわたります。聞いたこともない社内用語も、たくさんあった。家に帰って毎日、妻に「もうクビになるかも」とこぼしていたのを覚えています。

一カ月後に、役員会で発表の機会を与えられました。終了後に社長に言われたのは、「平野、失望したぞ」――ショックでした。でも、そんなに期待してくれていたのか、と刺激になった。一カ月しかなかったのだしと気を取り直して、それからまた必死です。アグレッシブであることも大切だけど、打たれ強さはもっと大切です。さらに一〇〇人近い人たちにヒアリングして、過去の実態や他国のベストプラクティスを学び、競合との違いも分析しました。計画を何バージョンも更新して三カ月後、アメリカに行きました。

レビューの場は、想像以上に大変な迫力でした。ＣＥＯや幹部からは質問がバンバン飛んできます。それに対して、各国の社長は完璧に答えようとします。なぜなら、そうでないと鋭い指摘がどんどん来るから。詳細も含めて理解していないと答えられません。猛烈な緊張感の中で、まるで対決をしているかのようで刺激的でした。

何より覚えているのは、レビューが始まる前に、当時のＣＥＯだったスティーブ・バルマーがかけてくれた言葉です。日本から来ている何十人ものスタッフ一人ひとりにバルマー自身が握手していったのですが、彼は初対面の私に、「ウェルカム、ヒラノ！」と声をかけてくれたのです。
純粋にうれしかったですよね。こんな巨大な企業で、一介のディレクターとして入ったばかりの人間を、きちんと思いやってくれたわけです。レビューの迫力、ダイナミックさ、多次元さも強烈でしたが、バルマーの〝人間力〟の深さが、とても印象に残りました。世間での評価は分かれるようですが、こういう行動が、人の心をしっかり掴んだな、と感動しました。

日本法人の成長戦略は高い評価を得た。このときの仕事ぶりが認められ、平野氏は入社半年で執行役に。二年後には常務としてエンタープライズ（法人）サービス担当となり、さらにその後、エンタープライズビジネス（法人営業）の責任者になった。そして転機となったのが、日本法人を離れて中東欧市場を統括するゼネラルマネージャーを務めたことだ。ここでのわずか三年間で平野氏は驚くべき成果を残す。

レビューで発表した三カ年戦略の策定については、最終的に「よくできた」という言葉をもらいました。だから、「You run it!（君が実行しろ）」と。ただ、私には、テクノロジーに関する深い知識もないし、コンサルティング経験もないわけです。こんなチャレンジをさせるのか、と驚きました。

組織を動かすとき重要なことは、まずその状態を見抜くことです。いったいどんなフェーズにあるか。いたって順調なのか、再編成が必要か、修復すべきか、立ち上がったばかりなのか。そして、何を主軸に動かすかを考える。戦略や技術的なマネジメント以上に、むしろ組織のフェーズを変えるための取り組みがポイントになることもあります。どんなリズムで組織を動かしていくか、がフェーズに直結します。

たとえば、巡航速度にあるビジネスなら、ミーティングは月一回でもいいかもしれない。しかし、私がマイクロソフトで法人向けのサービス部門を任されて真っ先に感じたのは、スピード感のなさと保守性でした。だから、まずミーティング方法を変えました。毎日、朝一番に三〇分だけやることにしました。トピックがいくつあっても三〇分しかやらない。誰かが話している途中であっても三〇分で打ち切る。そうなると、やるべきことを決めて臨むようになります。これだけでビジネスのリズムは大きく変わりました。リズムが変わると、フェーズが変わるんです。

運も良かった。ちょうどマーケットの変革期だったおかげで、事業は爆発的に伸びました。そしてたまたま、法人営業のトップのポジションが空いたから、やってみないか、と言われました。でも、実は躊躇したのです。法人営業のトップとなれば、お客さまである日本企業の役員とのお付き合いも大切な仕事になります。序列を重んじる日本社会にあってまだ三〇代の若さでしたし、お酒を飲まないうえゴルフもやらないとなれば、お客さまといい関係が築けないかもしれない。

無理だと思って、アメリカにも日本の社長にも、取り下げてくださいとお願いしました。そうしたら、そんなことは最初からわかっている。自分のスタイルでとことんやりなさい、と双方から言ってもらえて。思い切って引き受けることにしました。

このときも、インサイトを探すことから始めました。データ収集や社員へのインタビュー、お客さまのたくさんの声を集める……。どこに問題があるのか。何か見逃していないか。事業機会はあるのか。

お客さまにはあえて「買ってください」とは言わないようにしました。今持っている製品をどれだけ使い倒すことができるか、相談させてほしいとお願いして、これまでのご経験や本音を引き出したのです。さまざまなインサイトを集めながら、今後はどんなサービスに集中して、どこにインパクトポイントを作ったらいいのか、といったところが分かってきました。主軸とする商品・サービスを絞ってブラッシュアップしていき、業績は大きく伸びました。

いると便利、という人を作ってはいけない。
いなければ自分でやるほかないので、
本当に必要なことにだけ集中できる

中東欧地域のゼネラルマネージャーを引き受けたのは、アメリカの大学に行ったときの動機と似ています。ずっと日本で仕事をしてきたので、世界に出たら自分の実力はどのくらいなのか、知りたかった。より刺激的な知識への欲求と、より大きな意思決定にコミットしたいという思いがあった。ありがたいことに、会社側も平野がどれだけ通用するか試してやろう、と思ってくれたんだと思います。

言葉もわからないし、文化もわからない、何の勘所もない地域です。でも、考えてみたら毎回、勘所のない仕事ばかりしてきたんですよね。直前の法人営業もそうですし。だから、あまり戸惑いはありませんでした。そして出発点は、このときもインサイト探しからでした。課題を見極めるために。

カバーしていた二五カ国・地域の状況はというと、カントリーマネージャーがそれぞれいて、各国・地域の予算や収支もそれぞれ独自に管理していました。だから隣の国・地域で大きなディールが勝ち取れそうなときでも、人員や投資資金といったリソースの融通をしないいんです。

半年間、インサイトを探しながら出した結論は、「二五カ国・地域の財布をひとつにまとめて、独立採算をやめさせる」ことでした。これなら、自分のエリアだけで完結させるインセンティブはなくなる。

そしてもうひとつ進めたのは、人材について本気で考えることでした。中東欧とひと口に言っても、エリアによって、あるいは同じエリア内であっても、人種や宗教、生い立ち、ビジネス環境など、本当にバラバラです。一人ひとりの個人にとって、成長や成功とは何なのか、個人のインサイトを徹底的に探りました。この人が成功するために、私には何ができるのか、と。個人のやる気と会社のベクトルが合えば、一生懸命頑張れるわけですから、戦略の話ばかりするのではなく、個人の幸せを徹底して考えたんです。

各国・地域の採算管理を取り上げたことで、反発も出ました。しかし、個人個人の価値観を理解していたので、別のプロジェクトで主導権を持ってもらったり、サポートの役割を担ってもらったりしました。何より二五カ国・地域分をひとつにまとめ、隔週で人員や投資の出し方を見直したら、必要なところに素早くダイナミックにリソースが配分されるようになった。当然、業績は急回復しました。私のいた三年間は続けて目標予算を達成して、本社からも表彰されたのです。

こうなると、みんなうれしいんですよ。評価も上がって、ボーナスも上がる。祝杯を上げて、盛り上がりました。私も面白かったし、うれしかった。自信にもなりました。

ただ、結果がどう出るかは、やってみるまで分かりません。だから、私は退路を断って、日本の家も売ってしまっていました。日本に戻ってくる条件もなかったから。次にどこに行くかは分かりませんでしたが、中東欧のようなマルチナショナルな環境が面白かったので、ラテンアメリカとか、次も文化の複雑に入り交じったエリアで挑戦してみたいなと漠然と考えていました。

中東欧での大きな成果をひっさげ、自身もマネージャーとして大きく成長した平野氏は、結局請われて日本に戻ってきた。二〇一四年七月のことだ。執行役専務マーケティング&オペレーションズ担当から、翌年三月には代表執行役副社長に。そして七月には社長に就任。社長を補佐する社長室を廃止するなど、矢継ぎ早な改革をスタートさせている。

日本法人の社長をやってくれ、と言われて真っ先に考えたのは、自分にしかできないことは何か、ということでした。結果、貢献できることがある、と思ったんですね。だから、引き受けることにしました。

冒頭で述べた通り、アメリカ本社のCEOであるサティアのもと、グローバルな変革がどんどん進んでいました。日本も新しいマイクロソフトに合ったやり方に変えていかないといけない。

取り急ぎ社長をサポートする社長室をなくしたのは、中東欧での経験からでした。マイクロソフトには面白い役割があって、たとえば数百人いる法人営業の責任者であれば秘書兼戦略の相談相手のようなビジネスマネージャーという役割の人がついてくれます。

中東欧に行ったときも管掌が二五カ国・地域もあるので、当初はビジネスマネージャーが必要だと思いました。ところが、そもそも人材が逼迫していて、私のために優秀な人材をあてがうなら現場に送り込んでくれ、と言ったのです。さすがに自分の仕事量も相当多かったので、半年後には元に戻そうと思っていたのですが、なんとか自分でこなせてしまった。

このときに気づいたんです。いると便利だな、という人を作ってはいけない、と。いなければ自分でやるほかないので、本当に大事なことにだけ集中するようになります。本当に必要な仕事が何か、フォーカスして見極めるようになる。

ビジネスパーソンの成長は考え方によって大きく左右される

ビジネスパーソンとしての成長は、考え方によって大きく左右されると思います。ひとつは、好奇心があるかどうか。英語でいえば、文章の書き始めを「But」で否定から始めずに、前向きに「And」で始める人、ということになるでしょうか。

もうひとつは、本質的な考え方として、個人としての価値観を自分でどれだけ認識できるか、ということです。仕事人にとってのバリューも重要ですが、個人にとってのバリューを、自分で理解できているかどうか。自分の価値観をしっかり持っていたら、どんなに嫌なことがあっても思考はブレなくなります。

自分の価値観とはどういうものか、一例を挙げてみましょうか。

過去にどこかの統計で見たのですが、世界のビジネスリーダーと政治家に、自分にとって大切な価値観は何か、と尋ねたら、トップスリーのうち二つが共通していたんです。「ファミリー（家族）」、そして「インテグリティ」です。日本語で言えば「信頼」でしょうか。面白いことに、逆に、一番妥協している価値観は何か、という問いに対しても、実はその二つが挙げられていたのですが。

自分の価値認識を持っている人は、強い。思考するうえでも強いです。だから、改めてきちんと自分に向き合って、自分を理解しておくことが大切です。

私にとってのバリューですか？　それはナイショです（笑）。特別なものではない。でも、はっきりさせたほうがいい。自分の価値認識について考え始めたのは、三〇歳くらいだったと思います。自分の人生のミッションは何か、ずっと考えていたら、自然に行き着いたんです。

拠り所があると、思い切ったことができます。どんな困難なチャレンジでも、それがどうした、と向かっていけるようになるんです。

日本マイクロソフト株式会社

マイクロソフトは1975年にビル・ゲイツがアメリカで創業した世界最大のコンピュータ・ソフトウェア会社。2014年度連結売上高は10.4兆円、当期利益2.6兆円、従業員数12.8万人。日本法人は1986年に設立され、2016年に30周年を迎えた。提供するのは、WindowsやOfficeなどソフトウェア製品をはじめ、Microsoft Azure、Office 365などのクラウドサービス、Surfaceなどのデバイスと多岐にわたる。従業員数は約2100人。

御立尚資

Takashi Mitachi

ボストン コンサルティング グループ
日本代表

The Boston Consulting Group

※肩書きは2015年10月取材当時

Profile

1957年、兵庫県生まれ。京都大学文学部卒業後、79年に日本航空入社。92年、ハーバード・ビジネス・スクールMBA。93年、ボストン コンサルティング グループ（BCG）入社。99年、ヴァイス・プレジデント。2005年より日本代表（15年12月末、日本代表を退任、現在シニアパートナー＆マネージング・ディレクター）。06年11月～13年、BCGグローバルの経営判断を行う経営会議のメンバーを務めた。著書に『戦略「脳」を鍛える』（東洋経済新報社）ほか多数。テレビのコメンテーターとしてもお馴染み。

経験をプラスにしながらも
常に自己否定をし続けないといけない。
それが、思考力なんです

ビジネスパーソンに求められる思考力といえば、大きく三つ挙げられます。

ひとつ目は、課題を設定する力。多くのリーダーがおっしゃることでしょうが、みずからが何を課題にするか、正しく設定することが非常に重要です。

二つ目は、ユニークな解を創り出す力。ビジネスというのは、どこまで行っても競合との競争ですから、相手に勝つためのユニークな解を創り出さないといけない。

そして三つ目が、実行できる解を選び出す力。ビジネスの世界では、結果を出せなければ何の意味もありません。だから、実行力に対する感性がないといけない。

コンサルティングというと、二番目までが必要とされるイメージがいまだに強いようですが、たとえばレポートをお渡ししてお金をいただける単純なビジネスは、もう一〇年以上前に終わっています。実行段階に相当関わるんですね。

コンサルティングであれ他の業界であれ、この三つの思考力がないと、ビジネスの場では不十分ということです。

こうした思考力というのは、就職してから一〇年くらいは経験によってある程度伸びるものです。ところがリーダークラスになると、必ずしもそうとは言えなくなる。蓄積してきた経験がユニークな解を生み出す邪魔をしたり、課題設定するときに自分の経験の範囲でしか考えられなくなってしまう。

だから、思考力を鍛えるうえでは、経験をプラスにできているか問い続けるのと同時に、常に自己を否定する意志を持つ、という相反する二つについて気をつけなければなりません。

そもそも優れたビジネスリーダーというのは、多くの矛盾を抱えているものです。偉大な経営者は朝令暮改だとも、よく言われますよね。彼らは周りから見ると矛盾だらけなんですが、本人の中ではさまざまな条件や変化に合わせているだけで論理に破綻はないんです。

実際、多くのリーダーを見てきて、たくさん矛盾を抱えた人のほうが強いし、人間的にも魅力があります。身近な部下の方は大変な面もあるかもしれないけれど（笑）。逆に、矛盾していないということは、枠組みにとらわれすぎているか、自分の考え方をなぞるだけになっているからですよね。そういうトップがいるのも組織にとってはかえって危ない。

外から見ればトップが矛盾だらけでも、組織が正しい方向に動いていればいいんです。むしろリーダーは、自分の中で矛盾するような動きや流れを、いつも作り出していくことが大事です。組織の永続には変化が必要だし、変化には過去や現在との矛盾が原動力となるわけですから。これは、企業でも個人でも同じだと思います。

一九六三年創業。世界主要都市八二カ所に拠点を持ち、約一万二〇〇〇人のスタッフを擁するボストン コンサルティング グループ（BCG）。幅広い業界に対してグループ経営や成長戦略、M&Aなどの戦略を策定し、その実行を支援するコンサルティングを行っている。二〇〇五年から一〇年間代表を務め、グローバル全体の経営にも参画していた御立尚資氏は、京都大学文学部を卒業後、日本航空からそのキャリアを始めている。

日本航空では幸いなことに、入社後かなり長い間、さまざまな現場を経験しました。入社直後は、地上職として大阪の空港で切符売りをしたり、お客さまの車椅子を押して歩いたり。二年目はアシスタントパーサーとして、飛行機の中で肉を焼いたりお酒をサーブするなど、サービスの前線でいろいろなことをやりました。その後、パイロットのスケジュールを作るなど労務管理を担当する部署に移り、さらにメキシコ支店でも仕事をしました。

現場に長くいたので、後に経営企画部門に移ったときは戸惑いました。議論が嚙み合わなかったんです。トップダウンで、理論的には正しいけれど現場の感覚と合わない話がものすごく多かった。それは、私が現場の制約条件にとらわれていたところもありますが、現場にいたからこそ、本社と違う考えやアイデアが出てくるということも実際あったのです。お客さまへのサービスも路便の飛ばし方も、すべてにおいてです。

だから、ずっと本社にいると見えないことがあるんだ、と強烈に思いました。現場の知恵や現場の実行力を意識しないといけないということ。それを、さらに痛感したのが、三三歳でハーバード・ビジネス・スクールに留学したときです。

ハーバードのＭＢＡ教育というのは多くの場合、正しい唯一解がないことを前提にしています。年間八〇〇本ほど取り組むケーススタディは、あるシチュエーションやコンテクストの中で自分がどんなふうに考えて判断をするか、という思考実験です。こうした疑似体験を通じて思考パターンなどの「型」ができていく。

ところが、この「型」は、あらゆる要素が詰まった現場を知らないと作れません。たとえば、新商品のマーケティング戦略を考える場合なら、店舗でものを売る際のさまざまな実態を認識できていないと正しい解は出てこない。重要なことは、多面的にものを見ることができるかどうか。そうやって、唯一解ではないけれど、「型」を覚えていくんです。

私は経済学部出身でもなく、現場勤務が長かったので、エリートが揃った経営企画部門に異動したときはコンプレックスも感じていました。でも、ハーバードでケーススタディをやってみて、理論を学ぶだけではない勉強の仕方があったんだ、と開眼する思いでしたね。

理論というのは、マーケティングはマーケティングだけ、人事は人事だけ、と縦割りで体系づくられていきます。でも、一分野だけに精通しても本当の経営はできません。それが、

BCG

ハーバードに行って分かりました。むしろ、すべての要素が詰まった現場の視点で発言することが評価されるんだと自信を持ち、それが自分にとって大きな気づきでした。

経営につながる思考は、語学と同じく、必死でやっていると急にできるようになる

ただ、日本航空時代は、猛スピードで解を作るために必要な「抽象化」の思考法はまだ持ち合わせていませんでした。だから、三六歳でBCGに転職して、経営戦略の新しい切り口を分析しながら提示する、という仕事に苦労しましたね。大学を出てずっとこの仕事をしている社会人経験数年の若手の同僚たちの足元にも及ばないというのが、最初の一年の印象でした。

何より彼らとは経験値も鍛えられ方も違った。話になりません。現場の経験がなくても三～四年でここまで成長できるのか、と打ちのめされました。

彼らには、幅広く思考するスキルがある。勉強すればできるというなら簡単ですが、そうではなくて徹底的に思考した経験を通じてしか身につかないものなんです。私も追いつかなければいけませんから、泣きそうになりながら日々格闘しました。

一方で面白いのは、コンサルティング的な思考というのが、懸命にやっていったある日、突然できるようになったことです。レベルが一気に上がる感覚は語学に似ていました。

日本航空でメキシコに駐在したときのことを思い出しました。スペイン語がまったくできず、例文を音読して書き写して覚える、という自分なりの勉強法で必死に取り組みました。すると、ある日テレビのニュースがすべて聞き取れるようになったんです。突然のことで、我ながら驚きました。

経営につながる思考も、同じです。必死に取り組んでいると、あるとき急にできるようになった。私の場合は、入社して一年半くらいでその瞬間が訪れました。

BCGに入社後、御立氏は知識や技術を身につけるために、すべての物事を言語化していったという。考えたり感じたことを書いて自分の外に出すことで、客観視して別の刺激も受けられる。さらに、物事を抽象化できるようになっていった。常に考えていたのは「その本質は何か」という徹底的な問いだった。

思考の基本といえる問題解決でいえば、正しい問いが設定できれば、解を得られる半分まで来たと言っても過言ではないと思っています。本当にいい課題設定ができるのは、それこそBCGならパートナークラスでしょう。それだけ大切だし難しいんです。だから、正しい問いを設定できるよう、徹底して意識的に取り組んだほうがいい。

お客さまの多くも、課題があるという認識はお持ちですが、課題が正しく設定できているとは限りません。

たとえば、ある企業から、ユニークなマーケティングのアイデアや新製品を最近出せなくなってきたから、マーケティング部門を改革したい、という相談を受けたとします。ただ、よくよく伺うと、問題はマーケティングではなく、人事にあったりするわけです。

どういうことかといえば、マーケティングというのは、職人のように徒弟制でしか育たない。だから、小さなブランドのアシスタントマネージャーからスタートし、だんだん大きなブランドを率いていく、職人のようなキャリアトラックを作って育成するのが常道です。こうして優れた人材を育てて競争力の源泉になっている会社はたくさんあります。

ところが、相談してきた企業の人事制度では、営業からマーケティングに異動させて、また三年ほど経つと異動させる、という他部署間を異動するジョブローテーションを採っていました。これだとマーケティングの人材は育たない。

となると、本当はマーケティングではなくて、その人事制度を変えないと解決しません。ここまで問題の在処《ありか》が分かったら、もう解は近いわけです。明日すぐに改善とはいきませんが、数年で大きく好転するでしょう。そんな問題設定をできるかどうかが問われます。

思考するテーマの歴史的背景を踏まえ、「型」を見つける。それを破れば、ユニークな解が生み出せる

ビジネスの現場で必要な思考力というのは、ロケット・サイエンティストのように一人で数式を操りながら凄いことを考える力とは性質が違います。絶対解も唯一解もない中、他者との対話を通じてベターな解を求めていくことが大事です。基本は、お客さまや仲間との対話、場合によってはシャドーボクシングのような自分との対話で磨かれます。

だからこそ、ビジネスパーソンがこの対話力を磨くために大事なものが二つあると思います。それが、好奇心とアクティブリスニングです。

「おお、面白いな」といろいろな分野について思える。人の話が気になって「それは、どういうことですか」と、どんどん質問ができる。相手に刺激を与えるような意見をぶつけられる。いろいろなものに興味を持つことができる。そうした習慣があれば、使える思考力が身についていきます。

そしてもうひとつ挙げるとすれば、思考や行動などのパターンといえる「型」を見つけられるようになることでしょう。

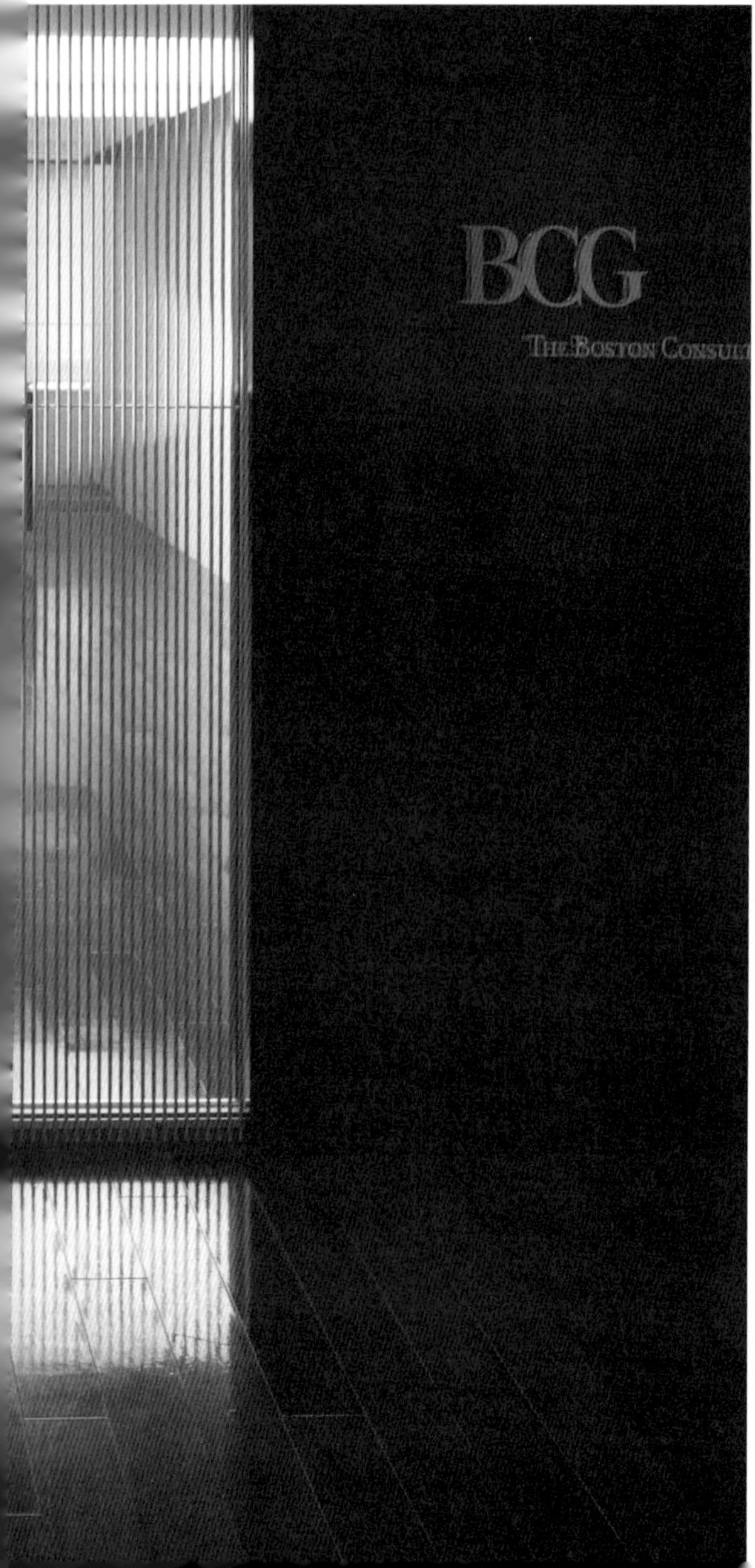

政治や人口問題、ＩＴや生物学……
古典ではなく現代版の教養を備えると
思考力を圧倒的に高めることができる

たとえば、経営企画部門にいる若手社員が、次の中期経営計画の目玉になりそうな新規ビジネスプランを立てるときのことを想定してみましょう。多くの人は、まずマクロの予測や新しい経営書を読んで参考にします。でも、おそらくまったく役に立たないはずです。そんなところから将来の計画のキーワードを見つけたら、すべての会社がＩｏＴ（Internet of Things）とバイオテクノロジーとナノテクノロジーの新規事業をやる、なんてことになりかねない。自社の強みとも結びつかないし、現実的にはインパクトのない計画でしかありません。

もし私が同じ立場なら、まず過去の中期経営計画を一〇年分すべて読み込みます。この企業の先達は何に悩み、結果的にどのような選択をしてきたか、という「型」をベースに、たとえば先端分野で自分たちの事業にちょっとでも関係があるものにアンテナを立ててみる。専門家に会いに行って話を聞いてみる。それから、自分の会社に関連する現場や、新しい分野の現場も訪ねてみる。

このとき、いきなり新しい分野の現場に行っても、些末なことが気になるだけで本質的な検討に至らず終わってしまいます。大事なのは、まずベースとなる思考や行動のパターンである「型」を見つけることです。過去の計画や意思決定の背景に立ち戻ることで、その会社の「型」が見えてくる。その「型」を踏まえて現場に行くと、自分なりの見立てができる。そして「型」があるから、それを破る方向性も見えてくる。

新しいものを生み出す、というと、目新しいものや外部のものばかり見ようとしてしまうものです。でも一度、内部をさかのぼって振り返ってみる。それが「型」の原型になるのです。

こうした作業は、事業や組織を見直すときだけでなく、個人のミッションを明確にするうえでも有効です。私は長くお付き合いした方が社長になられたら、就任前にご提案して一緒にやってみることがあるんです。それは、辞任するときの退任演説を考えること。歴代社長がやろうとした夢や現実の実績を理解したうえで、自分は何をやり遂げ、後任に何を託すのか。それを就任前に一度シミュレーションしてみる。

就任前に退任演説なんて！　と眉をひそめる方もいるでしょうが、ご提案した社長の多くは実際に退任された後「あれは良かった」と言ってくださいます。先を見るだけではなく、歴史も振り返るからこそ、今後やるべきことが整理できる。トップとしての行動の指針ができる。「型」があるから、自分の立ち位置がはっきり見えてきます。

これは、個々の社員であっても同じです。みな歴史の延長線上で仕事をしている、ということを思い出してほしい。そうすれば、拠って立つ「型」が見えてきます。

コンサルティングの世界では、ＢＣＧは後発だった。だが、圧倒的な存在感で大きく成長をすることができたのは、その事業ポリシーが大きい。ユニークさである。それはコン

サルティングの実務のみならず、カルチャーから採用から、今なおすべてに息づいている。

「型」が大事なのと同時に、「型」で止まっていると決して一流にはなれません。ユニークな解を生み出すうえでも、何がユニークなのか知るために「型」は必要ですが、そこから発展させることが重要です。くだらなくてもいいから、いろいろな切り口から今ある「型」とは違った発想を増やしていく。そうすることで、人と話すときも自分で考えるときも、今までと異なる切り口で考えようと努力するようになります。

ここで大切なのは、人間は今までの考え方の癖に固執してしまうものだ、と知ることです。自分の癖になってこびりついている先入観や既成概念をいかに取り払うか、ということが大事になってくる。

特に一〇年も一五年も経験を積んでいると、いろいろな切り口を覚えます。でも、そこを超えるのは意外に難しい。そこでぜひ、思い出してほしい言葉が世阿弥の「離《り》見《けん》の見《けん》」です。

これは能における表現で、自分がどのように動いているか、あたかも観客など第三者の視点で立体的に見ているかのように舞いなさい、という意味です。独りよがりにならず、客観視しなければいけない。これができて、能は一人前だと言われます。同じことがビジネスパーソンにも当てはまります。「自分はこう考えているけど、今までのやり方から進化できていないんじゃないか」——そんなふうに自分を厳しく見られるようになると、ユニークさのレベルが上がります。

もうひとつは、さまざまな視座を持つことです。そうすることで、自分のビジネスを客観的に見られるようになる。とりわけリーダーの思考力の大事な前提は、現代版の教養を持つことだと私は思っています。教養というと古典のイメージを持たれがちですが、そうではなく、もっと新しくて広い知識のことです。

まず、人口経済学的な考え方や、国際政治、とりわけ地政学ですね。世界的な人口や政治の動きは、ビジネスを行ううえで知らないでは済まされない状況になってきています。さらに、異文化マネジメント力。これらが、グローバルな仕事には不可欠です。

それから、デジタルの時代ですから、情報に関わる分野。もうひとつは、ゲノムやバイオも含めた生物学に関わる分野。これらが科学とともに大きく進展してきていることを、理解しておかなければならない。

これらの教養を持てると、さまざまに思い巡らせる軸ができて、自分の思考力を圧倒的に高めることができます。

修羅場の経験と現代の教養があってこそ、有事のリーダーに必要な直感や勘が磨かれる

みなさんもご経験があるでしょうが、意思決定をするとき、不透明さがすべてなくなる、なんてことはないですよね。意思決定において、直感的に「気持ち悪い」と思えてしっくりこないときがあります。ここで大事なことは、「なぜ気持ち悪いのか」と「自分が分かっていないことは何か」を認識することです。

私の場合、信頼のあるクライアントが相手であれば、そのまま率直に「正直に言って、私、気持ち悪いです」と伝えることもあります。ところが、その気持ち悪さを証明しろと言われても難しい。

それでも不思議なのは、相手からも多くの場合「自分も気持ち悪かった」と同意されることです。論理的には正しく思えるのに、本当にこのまま進めていいのか、と何かが引っかかる気持ち悪さ。その根源は、過去に痛い目に遭ったり、それを横で見ていて、経験として蓄積された記憶から呼び起こされる違和感です。

こうしたある種の直感や勘は、ビジネスパーソンにとってとても大事だと思います。こ

れらを身につける方法は二つ。ひとつは、修羅場をくぐることです。修羅場を経験していないと、「墓地の肝試し」になってしまいかねません。つまり、想像力たくましく恐れが膨らんで、ロクなことはない。あそこから何か出て来るんじゃないかと足がすくみ、それだけで躓《つまず》くはずのない石に躓いて、痛い目に遭ってしまったりするわけです。

ところが何度も修羅場を踏むと、怖がったほうがいいことと、怖がらなくていいことが、区別できるようになる。リーダーの価値は、この見極め力にこそあると言っていい。

だから、二〇代や三〇代の人たちには、修羅場があるなら手を挙げてでも取りに行け、と言っています。若いときに、どれだけ修羅場を経験できたか。どんなことでもいいんです。それが、危険を察知する皮膚感覚を確実に磨いてくれる。

そしてもうひとつが、やはり先ほども申し上げた新しい教養を身につけることです。たとえば航空業界で今、業績に最も影響を与える要素というのは、九・一一などのテロや、SARS（重症急性呼吸器症候群）などのパンデミック、リーマンショックをはじめとする金融危機、東日本大震災といった人災・天災を含む有事です。競争戦略やコスト削減について考えていても、突然の危機にはまったく対応できない。

多くの企業は、普段見ている景色にない、思ってもみなかったところで突然、業績が急降下するような事態に直面します。そういう事態が、今後ますます増えていきそうです。だから、瞬時に反応できるアンテナを持っていないといけない。

思考力を鍛えるといっても、下手をすると学力型の平時のリーダーばかり育ててしまいかねない。でも、これから本当に必要なのは、有事のリーダーです。直感や勘が重要になる。そのためにも、修羅場と教養がいっそう求められます。

思考とセットで重要なのは、それをいかに周りに伝えていくか、というコミュニケーションだ。アウトプットを形に変えていくとき、何が必要だろうか。

ビジネスでユニークな解を生み出すときには、どうやって組織に伝えるか、というところまで含めて、実は考えていないといけませんよね。

特に気をつけたほうがいいのは、コミュニケーションパスとシンキングパスは違うということ。組織の人たちが動くためのコミュニケーションのフローというのは、自分の思考プロセスのフローとは違うんです。自分の考えた順で話しても、真意が伝わらないことが多い。特に企画系の仕事をする人は、どうしてもその部署の論理で伝えようとして各事業部門の理解を得られないことが多い。これではうまくいきません。

特に大きな組織で、大勢の人に分かってもらうには伝え方の工夫が必要です。何か象徴的な話をしてから詳細を説明するとか、組織の過去の歴史をひもときながら、今度はこうする、と方針を伝えるとか、みなに腹落ちする話し方が大切です。

コンサルタントの世界でも、いくら優秀でも、自分のシンキングパスで話す人には厳しく指摘が飛びますよ。クライアントはそんなことは聞いていないし、パワーポイント五〇枚も見てはいられない。

それより、もし社長にエレベーターの中で三分だけ時間をもらったら、大量のスライドのうち、どの三枚を持っていくか。それが問われるわけです。あるいはノートにびっしりのメモではなく、ブレッドポイント四つだけをどの順番で語ったら一番説得できるのか——それを考えてみなさい、と私はしつこく言っています。

まじめに新聞を読んだり、できるだけ人と違う見方をしたり。日常を少し変えるだけで思考力は鍛えられる

思考力をどうやって高めるか。実は、日常をほんの少し変えるだけでも鍛えられます。たとえば、まじめに紙の新聞を読む。できるだけ自分と違う見方をする人と話をする。

本当に勉強する気があれば、『日本経済新聞』だけでなく、『フィナンシャル・タイムズ』や『エコノミスト』も読む。日本人が苦手とする多様なものの見方を、政治・経済に限らず幅広く教えてくれます。

それから、若い頃は、ぶらっと本屋に行って自分が知らない分野の雑誌を買ってみていましたね。世間には「へぇーっ」と思うようなさまざまな雑誌があるものです。今でも覚えていますが、『月刊土木技術』なんて面白かった。どんな分野でも、専門家はその分野を突き詰めて面白いことを考えています。

土木技術の雑誌を私が読んで、何の得があるのかと思われるかもしれません。でも、一見、無駄に思えることでも一〇年続けていくと、とんでもない価値を生むことがあります。読書や学びにおいて効率を追求することも否定しませんが、必要なことだけに限定しすぎると、一〇年経ったときに人間に幅が出ないし、結果として必要な力も手に入らない気がします。人間的な魅力が欠けたリーダーになってしまいかねない。それでは、人はついてきてくれません。

自分ならではのテーマ、自分がキュレーターになれるくらいの分野を見つけることです。でも、そんなに難しいことではないと思います。若い人にも趣味の世界で深い知見を持っている人は多いですよね。それをもう一個か二個、増やせばいいんだと思います。

ボストン コンサルティング グループ

1963年、企業戦略に特化した経営コンサルティング会社として誕生。全世界で従業員約1万2000人。数多くの戦略分析の手法を生み出したことでも知られ、「プロダクト・ポートフォリオ・マネジメント（PPM）」や「エクスペリエンス・カーブ」はあまりに有名。個人の個性を重視するスタイルから、多くの経営者を輩出している。66年、米国ボストンに次ぐ2番目の拠点として東京オフィスが設置されている。日本における経営コンサルティングサービスのパイオニア的存在。日本法人の従業員数は約500人。

三村浩一

Koichi Mimura

スリーエム ジャパン株式会社
代表取締役社長

3M Japan

Profile

1957年、東京都生まれ。81年、上智大学経済学部卒業後、住友重機械工業に入社。87年、住友スリーエム（現スリーエム ジャパン）に入社しテープ製品事業部の営業担当に。96年、工業用テープ製品事業部マーケティング部次長。2000年、米国3M本社工業用テープ製品事業部市場開発部長。02年、3Mアジアパシフィック工業用マーケットビジネス推進部長。06年、3Mインドネシア代表取締役。09年、住友スリーエム執行役員。10年、同取締役。12年、同代表取締役社長。14年、スリーエム ジャパン代表取締役社長。15年よりスリーエム ジャパン ホールディングス代表取締役を兼務。

意思決定で考える要素は四つ。
不測の事態は悩んでも避けられないし、
実行しながら修正していけばいい

次に何が起こるのか、想像したり予測したりしながら行動する力――それが、思考力だと思います。中でも特に重要なのが、何のために考えるのか、を意識することではないでしょうか。

たとえば、スリーエム ジャパンで進めている事業ポートフォリオの転換を例にとると、そもそも何のためにやるのか、目的を意識することが大切です。本質をしっかり見極めていないと、ただ人を異動させて終わってしまう。本来の目的は、成長するビジネスに経営資源を集中させて、さらに大きく育てていくことです。

ところが、ともすると、この部署に何人、ここの部署には何人……と、手段のひとつであるべき人員配置が目的にすり替わってしまう。でも、そうなると、実際のマーケット変化に対応できない組織になりかねません。目的は何か、最終的な目標は何なのか――それを常に自分に問いかけ、周りにも伝えていきながら、考え続けなければいけないと思います。

意思決定するときに、私が常に考えるのは「最終的な目標」「期限（スピード）」「最悪のケース」「他のオプション」という四つです。逆に、それ以外は考えないことのほうが多いですね。いくら余計なことを悩んでみても、実際のところはフタを開けてみなければ分かりません。もし思わぬ事態が発生しても、実行しながら修正していけばいい。この必要最小限の要素をじっくり考える予測力と、出たとこ勝負で対応する機動力がビジネスでは大切だと思っています。

何かを判断するとき、裏付けとなるデータは大切です。でも、データなど検討材料はたくさんあればあるほどいい、というわけでもありません。また、数字を見て判断すべきときと、そうでないときがある。むしろ、大事なのは、自分の感覚ではないでしょうか。あとは、データだけに振り回されずに、周りの人の意見を聞くことですね。

そういう自分の感覚を磨くために経験は必要です。ビジネスでは特にそうだと思う。成功体験はもちろんですが、特に失敗が活きてきます。あのときのあの行動がまずかった、こうしなければよかった、といった反省や後悔の記憶はしっかり刻み込まれます。それが、感覚を作ってくれる。想像し予測する力につながる。私自身も、たくさん失敗をしてきましたから。

アメリカに本拠を持つ世界的な日用品・産業用素材メーカー、３Ｍ（スリーエム）。世界

有数のコングロマリットとして知られ、多くの経営学者からエクセレントカンパニーと評されてきた。その日本法人がスリーエム ジャパンだ。かつては住友電気工業が二五％出資した合弁会社として展開していたが、二〇一四年九月から３Ｍの一〇〇％出資会社となった。三村浩一氏は二〇代で住友重機械工業から転じて頭角を現し、二〇一二年から日本法人の社長を務めている。

大学を卒業して最初に入った住友重機械工業では、船舶海洋鉄鋼事業部で官公庁船や輸出船の営業担当をしていました。ものづくりに携わりたい、しかもスケールの大きな仕事をしたいという憧れから選んだ仕事でした。数百億円という規模のビジネスですから、営業担当といっても、新人は受注後の契約書や請求書を作ったり、上司の商談についていったり、といった日常でした。

日本の会社の良い面だと思いますが、特に牧歌的な時代のことですし、入社後すぐには戦力と見なさず、ゆっくり育ててくれました。船を造る現場で三カ月におよぶ実習なども受けました。教えられたのは、物事を大きく見る大切さです。

ただ、造船ビジネスは非常に厳しい局面に直面していました。韓国の造船メーカーが台頭してきたり、円高が急速に進んだりで、急速に競争力が落ちていった。この事業がどうなっていくのか、とても心配でした。若かったので、どうすれば会社の収益が上がるのか、という本来すべき大きな課題を考えるまでにも至りません。それで、将来に向けて大きく成長できる事業に携わってみたいと思い、転職を決意したんです。

そんなとき、新聞の求人広告で住友スリーエムを見つけました。一般消費者向け商品のテレビＣＭも見ていたから、名前は知っていたし、勢いのある会社というイメージでしたね。加えて、本社があった場所の近くに住んでいたので、少し縁も感じました。

新しいもの好きで、新しいチャレンジのほうがファイトが湧きます

いわゆる外資系に営業職として入ったわけですが、日本向けのビジネスを展開していて、社内でも英語が飛び交うこともないし、日本の会社に転職したような感じでしたね。

配属されたのは、工業用テープの営業です。マスキングテープもそうですし、オーディオ機器の中の小さな部品を留めるのに使われるテープや接着剤などを売り込むのが仕事でした。前職では、ビジネスが大きすぎて個人でビジネスを開拓する、なんて感覚はありませんでしたが、３Ｍでは自分の仕事が売上として明確に見えるようになりました。自分が工夫して仕掛けたことが、お客さまに響いて売上という目に見えるインパクトで返ってく

る。これが、とても楽しかった。

担当エリアに多かった大手電機メーカーが主な販売先でした。ときには競合と価格競争になることもありましたが、３Ｍの商品の多くは独自の機能を持っていて差別化しやすい。営業としてはどの商品もメリットを訴求しやすく、とてもラッキーでしたね。

ただ、テープ製品事業部にいたのに、主たるテープのビジネスは、あまり手がけていなかったんです。子どもの頃に海外で過ごして少しだけ英語を話せたせいか、アメリカからの輸入品を中心に扱うようになったからです。元来、新しいもの好きですから、新しいチャレンジのほうがファイトも湧きます。たとえば、担当商品のひとつに、３Ｍバンポンクッショニング製品という衝撃吸収材がありました。後に、開閉式の携帯電話の緩衝材に使われるようになり、世界的に大きな市場を獲得しました。バンポンでは、お客さまのニーズに合わせたカスタム品を作れるよう、日本で初めて製造設備も導入したんです。

セールスを担当して四年後、三村氏はマーケティング部門に異動する。ここでも英語力が活きて、アメリカからの輸入品の担当となる。さらにその後、急激に成長していくパソコンに関わるハードディスクドライブ（ＨＤＤ）の関連部品を手がけることになる。

マーケティング部門では、特定の製品やプロジェクトごとに製造から販売まで一気通貫で舵取りしていました。

あるとき、アメリカで推進していたＨＤＤの関連部品を日本でも大々的に売り込むことになりました。ちょうどパソコンが一気に広がって、記憶装置であるＨＤＤのビジネスも倍々の勢いで伸びていた時期です。アメリカが次々と用途開発をしてくれたので、それをいかに早く日本に導入できるかが問われました。

競合企業もありましたが、ここでも３Ｍの独自技術による高い商品力が強みとなりました。たとえば、そのひとつがガスの出ない樹脂材料です。ＨＤＤは、完全に密閉された中でディスク上にヘッドが浮いた構造になっていて、ちょっとした腐食や振動が誤作動や故障につながります。普通の樹脂材料はどうしてもガスが出て腐食につながりやすいため、３Ｍはガスが出ない樹脂を作りました。また、振動を抑える制振材なども、どのくらいの周波数の、どんな振動をどう抑えたいか、お客さまの要望を伺いながら提案していきました。

こうした先進的な技術や情報があると、お客さまに重宝されます。製品を売るというよりは、当初はお困りの問題についてコンサルティングすることが中心で、結果として販売につながるわけです。こういう提案営業のスタイルだと、お客さま側のキーマンもすぐに出てきてくださるので話も早いですよね。

急成長している事業でもいつなくなるか分からない。次は何を売るか、常に考えている

ただし、ＨＤＤ事業が急激に伸びていく一方で、私は別の問題について思案していました。ＨＤＤ事業の成長も永遠に続くとは考えられませんから、次に何を売っていくか、ということです。当時一〇人ほどいたグループで、ＨＤＤの成功法則をもっと他のビジネスにも横展開して広げられないか、いつも議論していました。

会社員ですから、その事業がなくなったら別の部署に移ればいい。でも、私が当時こだわっていたのは、ＨＤＤと同じメンバーで次に何ができるか、コアになるビジネスをもっと作っていこうということでした。

常に新しいビジネスの創出を考えるのは、３Ｍという会社が持っているマインドセットでもあります。たとえば今、オプティカルフィルムというパソコンのバックライト部分に使われる部品が大きな売上をあげています。でも、今の液晶がみずから発光できるような新しいデバイスに置き換わったら、途端にこのフィルムは必要なくなる可能性もあります。そんなふうに、自分たちがコントロールできない事情で一気にビジネスがなくなるという

ことは往々にしてあるんですね。

では、どうすればよいかというと、基本となるベースビジネスと、それ以外のビジネスとに分けて、ベースビジネスで稼ぎながら、それ以外のビジネスの足腰をしっかり固めていく。ベースビジネスが仮になくなったとしても会社を支えられる次世代のビジネスを常に生み出していこう、という意識を持っています。

今に安住しないんですね。３Ｍでは常に新製品を出し続けようと、売上高に占める新製品比率を目標として定めています。また、３Ｍには勤務時間の一五％を自分の好きな仕事に使っていいとする「一五％カルチャー」という文化があります。新製品の割合が減ってくると将来の脆弱性につながるため、どんどん新しいことに挑戦していかなければならない。そういう危機感を、グローバルでも日本でも持っています。

二〇〇〇年、三村氏は工業用テープ製品事業部市場開発部長として米国３Ｍ本社に赴任する。二年後には、３Ｍアジアパシフィック工業用マーケットビジネス推進部長に。さらに二〇〇六年、３Ｍインドネシアの代表取締役就任と、キャリアを積み重ねていった。

アメリカ行きはおそらく、少し勉強してこい、という主旨だったのではないでしょうか。二年間、マーケティングに携わりました。

机に座って考えることは、ほとんどない。
いいアイデアが浮かぶときは、
誰かと話をしながら、が多いですね

このとき、日本がアメリカ本社からどのように見られているのか、目の当たりにしましたね。アメリカから見れば日本はやっぱり遠いんだ、と痛感しました。まだ今みたいにメールやテレビ会議で気軽にコミュニケーションできなかったからですが、日本についてはそれほど情報も入ってこないし、何をやっているのかも分かりにくい。誤解もあったし、理解されていないなと感じました。だから日本のマーケットについて、しっかり伝えていかないといけない、と思いました。逆に、そのときは日本が好調だったのでアメリカ側も日本がどんなふうに成功しているのか知りたがっている、ということを知りました。

そしてもうひとつ見えてきたのは、アメリカと日本の仕事の仕方の違いです。アメリカでは、マーケティング部門でも個人が担当するのは本当に狭い領域です。製品一つひとつについては深く知っているけれど、それ以外についてはあまり知らないし興味もないんだな、という印象を持ちました。

アメリカは国土も大きいので、すべて自前の営業網を持つのではなく、お客さまとの間にディストリビューターなど卸を通すことが多いんです。お客さまとのつながりは日本のほうが強いと感じました。実際、日本のビジネスがうまくいっていたのは、お客さまの声を直に聞けていたからだと改めて分かりました。

あとアメリカで苦労したことといえば、英語です。子どもの頃に親の仕事の関係で海外に住んでいた時期がありましたが、英語ができるといっても一般的な日本人より多少はマシ、というレベル。しかも、日本の会社から海外に駐在するのとは違い、本当にアメリカ人の中で一緒に仕事をするわけですから、これは鍛えられました。最初は会議に出るだけでぐったりですよ。電話に出ても地方の訛りがあると名前も聞き取れなくて、冷や汗をかいたことが何度もありました。

人を動かすためには、良い人間関係とネットワークを築き、インフルエンサーを動かす方法を考える

帰国後に担当したアジアパシフィックの工業用マーケットビジネス推進部の仕事は、日本で開発した日本発の商品を、もっと海外でも売っていくことがミッションでした。先ほどお話しした衝撃吸収材のバンポンを、海外の携帯端末メーカーに売り込んだのもこの頃です。世界に展開する端末メーカーの販売台数は、一機種だけで日本の全メーカー分の販売台数に匹敵するほど巨大なので、インパクトは大きかったですよ。

この部門の仕事の難しさは、組織がコストセンターだったところにありました。外資系企業の多くは、３Ｍに限らず縦横のマトリクス構造です。事業部の横軸があって、国の縦軸がある。

その中で私たちの部門は、日本の製品についてアジアパシフィックに属する国に情報や技術面でサポートする。アジアパシフィックの国の売上に貢献する仕事なので、日本の事業部からすれば、私たちに協力しても自国の売上増につながらないのにカネと労力だけはかかる余計な仕事というわけです。

だから、まずは自分たちの存在意義を各国に認知してもらわなければいけませんでした。そうでなければ、いつ「お前たちはいらない」と言われても仕方がない。難しい立ち位置でしたが、人の動かし方やポジションパワーの使い方を学びましたね。

先ほどもお話しした通り、外資系企業のマトリクス構造はとてもややこしく、簡単に人も動いてくれない。でも、組織を機能させるために、人はどうすれば動いてくれるか、人をどう見極めるか、を徹底して考えさせられました。

重要なことは、良い人間関係を築き、ネットワークを広げておくことです。それと、キーマンになるべく早くたどり着いて、その人に動いてもらう。インフルエンサーと言い換えてもいいかもしれません。いくら話をしても進まなかった事案が、インフルエンサーが動いたことで、すんなり解決できたりする。ただ、インフルエンサーがトップではない場合もありますので、みんなが納得して動くということが大事だと強く感じました。

外資系企業では単純に国・地域の違いだけでなく、部門や所属によってさまざまな立場の人がいるため、人を動かす際に考えるべきポイントも多岐にわたります。誰であってもしっかり話を聞き、相手をフォローする気持ちを持つ。一方で、言うべきことは言う。そんな心掛けが必要です。でも、そのときどきで人を大事にしておくと、後に助けてもらえるなど大きく効いてきます。私自身がそうでしたし、そういった人の信頼を裏切ってはいけないと思いました。

3Mインドネシアの社長就任は、まったく予期していませんでした。ただ、この経験は、間違いなくひとつの転機になりました。当時は安定はしていたものの売上がまだ大きくなくて、日本でいうひとつの事業部より小さいくらいでしたが、一国のトップですから責任はかなり大きいわけです。

社長という立場は初めてでしたから、最初は戸惑いました。まず現地の従業員に伝えたのは、私が来たからといって、いきなり何かが変わるわけではない、ということです。とにかくインドネシアのビジネスの状況について、ゆっくりじっくり見せてほしい、と。少なくとも半年はしっかり見たうえでアクションを考える、と宣言しました。

その後は実際に、みんなの話をよく聞き、お客さまのところにも行って、マーケットをよく見る、ということを心掛けましたね。

さらに、大事になるなと思ったのは、ビジョンを見せることでした。これは上司であるバイスプレジデントのアドバイスでもあった。何か目標を作るということです。しかも、トップから一方的に「これをやれ」と指示するのではうまくいかない。みんなでこれはできる、やりたいね、というコンセンサスを作って目標設定をしようと考えました。
幹部を集めてビジョンについて議論し、とにかく売上をいくら達成しよう、ということでまとまりました。そのために何が必要なのか、さらに詰めていく。やっぱり目標があると盛り上がるんですよ。売上高の前年比数十％超という、日本では考えられないほど高い目標を掲げたこともありましたが、みんなが納得すれば結果は出ます。

特に米国赴任以降は、将来を見据えての戦略的なアサインメントだったのかもしれない。3Mインドネシア社長を三年務めた後、日本に戻ると、役員を経て二〇一二年に日本法人の社長に就任した。日本人としては初めてのトップだった。

今の3Mインターナショナルのトップであるエグゼクティブバイスプレジデントについては、実は昔からよく知っているんです。私がHDDの事業を手がけていた頃、フィリピンに日本メーカーのHDD工場がたくさんあって、日本からいろいろな部品を輸出していました。ちょうど同じ頃に、彼が3Mフィリピンで社長をしていたのです。
思えば、その頃から彼には言いたいことをどんどん言っていました。ときには、ちょっと強引に。当時は、彼がこんなに偉くなるなんて想像していませんでしたから（笑）。でも、そんなことを気にせずに付き合えたのが良かったのかもしれない。彼には、この頃のやんちゃな私の印象が強いんだと思います。以来、いろいろ交流はあったのですが、私が日本に戻りインダストリアルビジネスの担当役員になったとき直属の上司になったんです。その後、彼が3Mインターナショナルのトップになって、日本は旧知の私に任せようと思ったのではないでしょうか。

ローカルのトップとはいえ3M出身の日本人が社長に就いた例はなかったので、声がかかったときは驚きました。事前に話はなく、正月明け早々に突然電話がきたんです。実際、やれるかどうか、なんて迷っている時間はありませんでした。断るというオプションはないのですから。チャレンジするしかない。

ただ、基本は3Mインドネシアで社長を務めたときと同じように臨もうと思いました。みんなが達成できると思える目標を、コンセンサスを醸成しながら決める。これが組織の一番のパワーになるはずだ、と。

もちろん自分の中で、会社をこうしていきたいという〝未来予想図〟は持っています。その裏付けとなるバックグラウンドのデータも揃っている。こうしたいという方向に、議論を導いていくこともできるでしょう。でも、やっぱりみんなが合意する、ということが、すごく大事なことだと思っているんです。

もうひとつ、データだけに振り回されてはいけない、と考えていました。社長になった直後には、経営企画の部門に協力してもらい、三カ月くらいかけて過去の業績、投資状況、さらにマーケットの変化などを徹底的に分析したデータを持ってきてもらいました。それを見ていけば、今後の改革に向けたベースとなる発想が固まってきます。

ただ、気をつけて見ていると、データの中には自分の感覚とどうも合わない、というものもあります。そういうときは、やっぱり自分の感覚を大事にしないといけないんだ、と次第に学んでいきました。

だから今は、自分の感覚があって、それを裏付けるためにデータを確認しているようなところがありますね。それで、だいたい間違っていない。もちろん、関係する人にもいろいろ話を聞きますけれど。逆に、感覚より数字を信じると、見誤ることがあります。

大事なことを考えるときというのは、ルーティンでしていることは特にないのですが、いいアイデアアイデアが浮かんでくるときというのは、誰かと話をしているときが多いかもしれません。自分の机に座って考える、というのはあまりない。やはり話をしているうちに、なんとなくまとまってくるということが多い。だんだんと回路がつながっていくような感覚です。

あとは、散歩しているときに、ポッと浮かんできたりすることもあります。いろんなことを考えながら歩いているのが、いいのかもしれません。忘れないよう、書き留めるポスト・イット®ノートとペンを必ず持って出かけるようにしています（笑）。

自分に見えていない世界がある、ということを常に認識しておかなければならない

思考力といえば、決めたことを社内にどう伝えるか、ということも重要です。会社が何をしようとしているのか、という状況を社員に分かってもらうことは極めて大切だからです。ペーパーにまとめて見てもらうのではなく、直接、話をすることの意義は大きい。これは今、時間を一番割いてこだわっているところです。自分の思いを伝えるというのは、簡単なことではないからです。

たとえばスリーエム ジャパンでは、タウンホール・ミーティングあるいはコミュニケーション・ミーティングと呼ぶ、社員に直接語りかける機会を作っています。ある職位だったり支店ごとだったり、組織のさまざまなレベルで行ったり、少数にしぼって双方向で話をすることもあります。それ以外でも、もう少し身近に話せる一〇人程度のランチ・セッションなど、全社員と少なくとも年一回はふれ合える場を設けています。

なぜそこまでやるのかといえば、私がいくら戦略を考えたところで、実際に日々それを実行しているのは、スリーエム ジャパンに三〇〇〇人近くいる個々の社員だからです。

戦略が間違っていたら大問題ですが、正しかったとしても、それを社員たちが士気高く実行してくれなかったら、狙い通りの結果が出るはずもありません。経営では、戦略を組織に伝えるところが一番重要で難しいと思っています。

特に若い社員には、これだと信じてやり通す情熱と、いい意味の強引さも持っていてほしいのです。絶対に最後までやり通す、という強い気持ちがなかったら、どんなに正しいことであっても、なかなか成功しない。必ずどこかで壁にぶつかるから。それには私の情熱も常に伝えていかなければいけないと思っています。

もうひとつ若い人たちにアドバイスがあるとすれば、何かを考えるときは自分に見えていない世界がある、ということを常に認識しておくほうがよい、ということ。ひょっとしたら、こういう場合があり得るかもしれない、という不測の事態について心のどこかで備えておくと、問題が起こったときに修正をかけるにしても素早く動ける。

私も若い頃、思い込みで失敗してしまったことがよくありました。そういうときは、一歩引いてみて、「なるほど、あっちから見たらこう見えるな」「この人たちはこういう立場でものを考えていたんだな」と、一度相手の立場に立って想像してみる。相手を否定せず、冷静に次の手を考えることで巻き返すことができました。

独りよがりになって考えることが、最も危険です。そのために、常に他者の目線からの景色を意識しておくことも大切です。

スリーエム ジャパン株式会社

3M（スリーエム）は1902年に米国ミネソタ州で設立。21年、世界初の耐水サンドペーパーを開発し、大ヒット。以後、研磨材技術、接着・接合技術等、多くの技術を組み合わせ5万5000超の多彩な製品・サービスを創出。2014年度売上高は3.8兆円、当期利益5932億円。全世界で従業員約9万人を擁する。日本への進出は1960年。61年には米国3M75％、住友電気工業と日本電気が各25％の合弁会社、住友スリーエムとして発足、その後、3Mが2003年に日本電気の、14年に住友電工の各保有株式を取得して100％出資会社に。売上高は約2800億円、従業員は約3000人。

［編者］
ISSコンサルティング
約20年にわたり築き上げてきた信頼と実績をもとに、外資系企業に特化してミッドキャリアからエグゼクティブに至るまでプロフェッショナルを紹介する人材ビジネスを行っている。紹介先は消費財、IT、コンサルティング、メディカル、製造業などあらゆる業種におよび、職種も経営幹部、財務・経理、マーケティング、広報、営業、物流・購買、IT技術者など幅広い。ビジネスパーソンのキャリアアップと、外資系企業の課題解決をサポートしている。　http://www.isssc.com

［執筆協力者］
上阪徹（うえさか・とおる）
1966年、兵庫県生まれ。89年、早稲田大学商学部卒。リクルート・グループなどを経て、94年よりフリー。雑誌や書籍を中心に執筆。著書に『成功者3000人の言葉　人生をひらく99の基本』（飛鳥新社）、『成城石井はなぜ安くないのに選ばれるのか？』（あさ出版）、『職業、ブックライター。』（講談社）など。インタビュー集に累計40万部のベストセラーになった『プロ論。』（徳間書店）。インタビューで書き上げるブックライター作品も70冊以上を数える。　http://uesakatoru.com

外資系トップの思考力
――経営プロフェッショナルはいかに最強の解を生み出すのか

2016年3月3日　第1刷発行

編　者――――ISSコンサルティング
発行所――――ダイヤモンド社
〒150-8409　東京都渋谷区神宮前6-12-17
http://www.diamond.co.jp/
電話／03･5778･7236（編集）　03･5778･7240（販売）
装丁・本文デザイン―竹内雄二
写真――――――公文健太郎
校正――――――平川裕子
ＤＴＰ―――――桜井 淳
製作進行――――ダイヤモンド・グラフィック社
印刷――――――勇進印刷（本文）・共栄メディア（カバー）
製本――――――ブックアート
編集担当――――柴田むつみ

ISBN 978-4-478-06762-8